SOUVENIRS

D'UN

VOYAGE AU MAROC.

IMPRIMERIE DE A. GUYOT,
Rue Neuve-des-Petits-Champs, 35.

SOUVENIRS

D'UN

VOYAGE AU MAROC

PAR M. REY.

PARIS,
AU BUREAU DU JOURNAL L'ALGÉRIE,
RUE NEUVE-DES-PETITS-CHAMPS, 35,
ET CHEZ LES PRINCIPAUX LIBRAIRES.

1844.

SOUVENIRS

D'UN

VOYAGE AU MAROC.

I.

DAR-BEIDA OU CASA-BIANCA.

Je m'étais embarqué à Rbat sur le joli brick marseillais *le Sphinx*, qui allait terminer son chargement à Dar-Beïda. Partis au point du jour, nous nous trouvions depuis midi sur la rade où nous devions jeter l'ancre. Mais, comme le mouillage y est fort mauvais, le navire n'osait pas accoster, et il louvoyait par une brise fraîche en attendant le pilote. Le jour déclinait rapidement; la mer était houleuse; la ville et la côte n'apparaissaient que vaguement à travers le nuage d'écume qui s'élevait des brisans dont la grève est bordée. Pour le capitaine, qui tremblait de ne pas pouvoir mouiller les ancres avant la nuit, ces vapeurs et ces brisans étaient comme un cauchemar.

« Maudit pilote, ou Reïs, comme on voudra l'appeler, » s'écriait-il pour la centième fois, en frappant le pont de ses grosses bottes; lorsqu'enfin nous aperçûmes une barque qui se détachait du rivage.

Avec les juremens provençaux du capitaine alternaient

les juremens génois d'un petit homme maigre et frêle, visage ridé sur un corps d'enfant, qui arpentait le pont avec l'assurance d'un marin, et répondait au nom de signor Manuelo.

Génois de nation et de caractère, signor Manuelo avait vécu trente-cinq ans sur la mer, le jour où ses excellentes qualités l'attachèrent à mon service. Ce jour fut pour lui le commencement d'une lutte digne d'un stoïcien. La mer sous ses pieds, c'était la terre sous les pieds d'Antée. La mer lui manquait-elle, Manuelo perdait ce qu'il appelait sa boussole, c'est-à-dire sa force, son courage, et sa présence d'esprit. Lui qui n'eût pas tremblé devant une baleine, frémissait en voyant fuir une souris ; et pourtant, malgré son aversion profonde pour toute espèce de quadrupèdes, il avait dû se résigner aux fonctions de palefrenier en chef et de piqueur. Aussi avec quelle joie saisissait-il la moindre occasion de faire une infidélité à son nouvel emploi ? Dès qu'il connut mon projet de visiter Dar-Beïda, il employa toute son éloquence à prouver qu'il nous convenait d'y aller par mer, tandis que nos chevaux, nos tentes, et notre escorte arriveraient par terre. « Le vent est favorable, disait-il; nous mettrions cinq heures de sommeil à un trajet qui, par terre, coûterait quinze ou vingt heures de fatigue; et si monsieur aime les paysages arabes, il pourra satisfaire son goût au retour, quoique, en vérité, à part la couleur, je ne voie pas trop quelle différence l'œil peut faire entre la mer et un paysage arabe. » Cette fois, triomphe assez rare pour Manuelo, son éloquence avait porté coup; et maintenant il tremblait que les retards du pilote ne démentissent ses prévisions, *indè iræ*.

Enfin, la barque si impatiemment attendue avait paru. Nous gouvernâmes sur elle, et vingt minutes après elle avait accosté. Les dix Maures qui la montaient, un seul excepté, grimpèrent aussitôt par les haubans, et nous pûmes passer en revue le respectable corps de la marine de Dar-Beïda. C'étaient des hommes beaux et vigoureux, au teint hâlé, à tête rasée, nue ou couronnée d'un sale turban sans tarbouche. Tous portaient le surtout de laine brune à capuchon, connu sous le nom de *djellaba*, qui pour les uns sert de manteau; pour d'autres, de manteau et d'habit; et pour la plupart, de manteau, d'habit et de chemise, tout ensemble. Leur chef, qui cumule les fonctions de pilote, de capitaine du port, et de directeur du chantier naval, était un petit vieillard sans cheveux et sans barbe, sec, un peu louche, très sourd, et traînant avec peine une jambe blessée (probablement dans son jardin). Au demeurant, excellent homme, et plein de gratitude pour un petit service que j'avais eu l'occasion de lui rendre à Rbat. Aussi m'aborda-t-il avec l'empressement d'une ancienne amitié. Pour lui rendre moins durs les reproches qui lui étaient réservés, je me chargeai de les faire.

« Nous laisser attendre cinq heures entières, lui cornai-je aux oreilles; qu'est-ce à dire, Reïs-Mohammed? Est-ce que l'ancien corsaire retenait le pilote par la djellaba?

— Que veux-tu, répondit le brave Reïs, en haussant les épaules, et en ouvrant les bras : ce Boaza, le traître! (ici Boaza se prend à rire) était à vendre sa dernière livre de beurre. Ce Djelali, le faquin! (Djelali rit aux éclats) écorchait un mouton, qu'il n'a pas voulu abandonner avant de l'avoir dépécé et distribué jusqu'au dernier pied. Cet autre Ahmed, le butor! (Ahmed de rire comme les autres) semait dans son jardin des raves et des navets. En voilà un autre qui portait son blé au moulin. Tu vois ma jambe, conçois-tu ce qu'il m'a fallu de temps et de peine pour réunir cette canaille? (Chorus général). Ajoute à cela que la barque se trouvait à sec, la marée basse;

j'ai dû courir chez le gouverneur, pour lui demander des aides ; le gouverneur était au marché, et les ouvriers, sentant la corvée à mon approche, se cachaient partout pour l'esquiver. Que de temps employé pour en réunir une vingtaine ! Que de temps, d'efforts et de cordes cassées pour remettre la barque à flot ! Et vraiment, en y réfléchissant, je suis encore étonné d'avoir si tôt fini.

— Pechta ! s'écrièrent à l'unisson le capitaine et Manuelo; et si le navire se fût trouvé en danger ?

— Dieu est grand ! répondit le pilote avec calme. Allons ! à l'ouvrage, capitaine! Au timon, Français ! Aux amarres et au moulinet ! Attention au signal !

Chaque marin court à son poste. Manuelo, triomphant, se pose auprès de l'ancre, et l'on ne songe plus qu'à abattre les voiles et à filer la chaîne, au signal du pilote. Ce que voyant nos auxiliaires de Dar-Beïda, ils abandonnent la manœuvre à l'équipage et s'occupent à une autre besogne. Le semeur de navets court à la cantine dérober des ognons et des pommes de terre : Djelali le boucher s'empare d'une bouteille de vinaigre, qu'il prend pour du vin, et en avale la moitié d'un trait, en faisant d'horribles grimaces ; Boaza le marchand de beurre est à la quête de cigares, un autre songe au biscuit, et, par timidité, le novice de la troupe se borne à cacher des bouts de cordes sous sa *djellaba*.

L'ancre avait mordu, et *le Sphinx* se balançait à l'aise sur ses deux chaînes, quand le capitaine s'aperçut du pillage. Il se fâcha, battit fort du pied, cria plus fort; mais à ses litanies provençales, les Maures répondirent gaiement par ce distique polyglotte :

Capitano, dios grande, ti star bueno ,
Frances fuerte, Inglis falso.

Si le capitaine eût été Anglais, le distique aurait subi une légère transposition de mots : ils lui auraient dit :

Inglis fuerte, Frances falso.

Sans attendre la réplique, ils se laissèrent glisser dans la barque ; le pilote les suivit, et Manuelo et moi nous suivîmes le pilote. La brise soufflait du large : nos marins tendirent sur deux rames une de ces grandes couvertures ou manteaux de laine, qu'ils appellent *haïck*, et cette voile économique et forte, suppléa parfaitement à leurs quatorze rames. Un quart-d'heure après, nous touchions le rivage, et Manuelo me déposait sur la porte même de la ville, qu'au moment de l'afflux, la mer vient battre et forcer quelquefois.

Le soleil avait disparu derrière un promontoire, à notre droite ; et, de ce côté, les saillies du rempart, et les récifs schisteux qui se dressent à sa base, arrêtaient brusquement le regard. A gauche, les reflets d'un horizon rougeâtre n'éclairaient plus que vaguement la grande plaine au milieu de laquelle s'élèvent Dar-Beïda et ses jardins extérieurs. Çà et là quelques touffes d'arbres, un palmier isolé, la coupole d'un marabout se dessinaient en noir sur un fond rouge ; et entre le sombre Océan et le rivage sombre, l'écume des vagues semblait un immense serpent qui fuit sur l'herbe.

Un grand et gros juif, à la face réjouie, nous attendait sur la plage : c'était le négociant, sujet marocain, chargé de l'agence consulaire de France à Dar-Beïda. Je lui adressai la parole en français ; il ne répondit pas. J'ajoutai quelques mots espagnols ; il demeura muet. Je hasardai une phrase italienne ; il se tint coi. Je glissai un mot anglais ; il eut l'air de n'avoir pas seulement entendu. Je sus enfin que l'agent français ne parle que l'arabe, et suivant l'usage de ses coreligionnaires, n'écrit l'arabe qu'en caractères hébraïques. Tétouan, Tanger, Larache et Mogador, sont les seules villes du Maroc où l'on entende parler l'espagnol, encore l'y trouve-t-on affublé de tant de locutions et de désinences hébraïques et barbaresques, que le pur Castillan a beaucoup de peine à reconnaître sa langue.

Pour couper court, notre magistrat nous invita à souper et à passer la nuit chez lui, politesse qui vint fort à propos suspendre les réflexions critiques que me suggérait cette curieuse organisation consulaire. « Sa maison, me dit-on, est une des plus confortables de la ville ; demeurez-y, en attendant que celle que l'on vous destine soit prête. »

Après avoir cheminé quelque temps dans des passages tortueux qui serpentaient parmi des groupes de cabanes sombres, et des ruines d'une forme étrange, tantôt nous heurtant contre des Maures ou des juifs qui devisaient accroupis sur la terre, tantôt nous détournant pour laisser passer les troupeaux qui revenaient du pâturage, ou les chameaux qui arrivaient des villes voisines ; tantôt effleurant le pâle linceul des femmes mauresques, qui glissaient comme des ombres le long des murailles, nous arrivâmes enfin à la maison consulaire.

D'abord, une porte basse et un passage étroit et obscur, puis une grande cour qu'à l'odeur on reconnaissait pour une basse-cour proprement dite, et tout autour trois magasins, trois chambres, trois pièces (comment dire ?) longues, hautes, étroites, sans fenêtres, et éclairées chacune par une immense porte cintrée à deux battans. « Là, me dit-on en désignant l'une des trois portes, logent les quatre administrateurs de la douane ; ici, une compagnie de commerce ; devant vous, le consulat de France, avec sa chancellerie et ses archives. » Or, les archives du consulat gisaient avec les provisions de bouche, sous une estrade en bois qui supportait le lit de l'agent ; le lit se trouvait dans la salle à manger, la salle à manger dans la cuisine, la cuisine dans le magasin, et, comme je l'ai dit, le magasin dans la basse-cour.

C'est dans ce logement, un et multiple tout ensemble, que nous reçûmes l'hospitalité. Notre souper se composait d'une poule bouillie, servie avec des œufs durs en guise de hors d'œuvre. Une natte recouverte d'un tapis, qui nous avait servi jusque là de divan, nous servit encore de lit. La fatigue nous rendait heureusement aussi insensible à la dureté de la couche qu'au bruit de la partie de cartes installée à notre chevet, et qui dura toute la nuit.

Le lendemain, assez tard, je fus salué à mon réveil par notre escorte de terre qui venait d'arriver. C'était le Maure Ben-Sebbah, brave soldat couvert de blessures, et redouté de tout le pays, quoique ses traits respirassent la plus naïve bonhomie. Il ne tirait vanité ni de sa bravoure, ni de sa probité, mais seulement de l'art avec lequel il maintenait l'harmonie entre ses quatre femmes. « Chez moi les querelles ne durent pas longtemps, disait-il en caressant sa barbe. — Et comment t'y prends-tu? — Je n'écoute personne et rosse tout le monde! »

Ben-Sebbah était accompagné d'Isaac, mon premier interprète, riche juif de Rbat, gros, silencieux, impassible; et de Haïm, autre juif maigre, livide, fanfaron et fier, jusqu'à l'insolence, des fonctions d'interprète auxiliaire, qu'il cumulait avec celles de cuisinier. Suivait Chélimo, juif de race marocaine, à grosse tête anguleuse, monstrueux de laideur et de malpropreté, robuste et bruyant, victime hargneuse sur qui retombaient les travaux les plus rudes et tous les coups. C'était le serviteur de mes serviteurs. Manuelo se joignit à eux pour aller soigner les animaux et prendre possession de notre domicile. Et moi, suivi d'Isaac, je fis ma première visite à la ville et à ses autorités.

Au commencement du XVIe siècle, alors que Jean Léon entreprenait son grand voyage en Afrique, la plupart des cités du Maroc méritaient encore son admiration, mais l'antique Anefa n'avait plus droit qu'à ses larmes. Pour mettre un terme aux incursions des corsaires, dont les *fustes* hardies venaient croiser jusque sur les bouches du Tage, une expédition portugaise fut dirigée sur Anefa, et trouvant la ville déserte, elle la saccagea de fond en comble. A en croire Jean Léon, ces ruines étaient encore fumantes quand il les visita ; il trouva, dit-il, la terre jonchée de fragmens d'architecture, qui attestaient l'opulence et la beauté primitives d'Anefa. Mais depuis, le temps est allé, triturant ces débris, entassant la poussière sur les pierres, si bien qu'on n'y découvre plus absolument aucun vestige des anciennes dominations.

Au milieu des décombres, se tient encore debout une tour carrée, découronnée par la foudre, et dont le squelette, mis à nu, est tout à fait méconnaissable. Un joli bain mauresque relève sa coupole étoilée au-dessus d'un flot de décombres qui l'a déjà immergé aux trois quarts. Trois rangs d'arcades, en pierre de grès, qui s'élèvent parallèlement au fond d'une grande cour murée, appartiennent évidemment à une mosquée inachevée, de construction récente. Le rempart crevassé et chancelant n'est plus qu'un grand mur de cimetière, qui s'ouvre d'un côté sur la mer, de l'autre sur des jardins desséchés et languissans.

Les sultans du Maroc, croyant pouvoir ressusciter ce cadavre par enchantement, se bornèrent à changer son nom d'Anefa en celui de Dar-Beïda (maison blanche, casa bianca). « Le blanc, dit M. de Montlosier, est la couleur de la matière aspirant à la vie. » Mais quelle que soit la vertu des charmes mogrebins, préconisés encore par toute l'Asie et par toute l'Afrique, ils n'eurent cette fois aucun effet; le cadavre demeura inerte, et son teint de bistre ne s'est pas éclairci, malgré quelques constructions nouvelles, qui apparaissent comme des taches blanches sur un fond noir. Les Maures sont étonnés que le miracle ne se soit pas accompli, mais non pas les Juifs: ceux-ci croient que la chose la plus difficile au monde c'est la transformation du noir en blanc. Je demandai un jour à Isaac pourquoi ses coréligionnaires attachent à leur barbe un tel prix, que, dans les provinces du sud, elle est pour eux le signe caractéristique de l'orthodoxie et de la dévotion: « C'est, me répondit-il, que la barbe est le seul objet qui puisse passer du beau noir au plus beau blanc; et Dieu pouvant seul opérer un tel miracle, nous vénérons la barbe, comme la plus belle manifestation de sa toute-puissance. »

Plus heureux que ses prédécesseurs, le sultan actuel est parvenu à rompre le sommeil léthargique de Dar-Beïda. Non content de lui conserver ses anciens priviléges commerciaux, Moulêï Ábd-er-Rahman a concédé aux négocians qui y trafiquent, des habitations ou du terrain pour en construire; il a fait bâtir des magasins pour la douane; il a nommé son fils cadet, Moulêï-Ahmed, gouverneur-général de la province, lui donnant ordre de résider la moitié de l'année à Dar-Beïda. Avec quelques pans de murs et quelques tronçons de colonnes rattachés à un vieux corps de maison portugaise, on a improvisé un palais au royal gouverneur; et, sur le rempart, du côté de la mer, on a recrépi pour lui une petite batterie couronnée d'un kiosque, où il va faire la sieste, au murmure des vagues.

Des négocians de Mogador, de Mazaghan et de Rbat viennent en foule passer à Dar-Beïda la saison du commerce. Les tribus de Tamesna et de Doukala y apportent en grande quantité leurs grains, et leurs laines, les plus estimées du Maroc ; et, malgré les dangers de la rade, les marines française et gênoise y font de fréquentes apparitions. De plus, située sur la grande route de Fès à Maroc, Dar-Beïda est comme une hôtellerie, où s'arrêtent les caravanes, les officiers de service, et les courriers qui vont et viennent constamment du nord au sud. Presque tous les soirs on voit, au milieu des places, au pied d'une ruine, et tout le long du rempart, des tentes se dresser, des feux s'allumer, et des groupes nombreux de voyageurs passer une grande partie de la nuit autour d'énormes plats de couscous.

Mais le fond du tableau est plus monotone et moins riant que cet encadrement mobile : une centaine de familles maures et juives forment la population sédentaire. Trop paresseuses pour tirer parti des pierres, contre lesquelles elles se heurtent à chaque pas, la plupart vivent sous des tentes tissues de poils de chèvre et de laine, ou sous des cabanes à toiture de chaume, formées de roseaux sur lesquels on étend une couche de glaise ou de chaux. Là, dans un espace de quelques pieds, sur la terre recouverte seulement d'une natte, et jonchée des misérables ustensiles qui forment son mobilier, toute une famille, toute une génération naît, végète, souffre, se reproduit et meurt pêle-mêle. Le laitage, les œufs, les légumes sont leur nourriture habituelle. Une ou deux fois par semaine, ils ont du poisson et de la viande, qu'ils font griller à peine sur de la bouse desséchée au soleil, quand le charbon manque, ce qui arrive fréquemment. Aussi, durant l'été, toutes les murailles sont consacrées à la dessication de ce combustible. Les passages étroits, qui séparent les habitations, sont encombrés d'immondices, et coupés par des fossés remplis d'eau croupissante; l'hiver ils sont inondés d'une vase profonde. Là, pataugent tout le jour, des troupes nomades de poules et de chiens ; là, campent les ânes et les mulets attachés à la porte de leur propriétaire ; là sont parqués des troupeaux, qui chaque soir rentrent du pâturage. Au-dessus de ce tableau, plane une multitude innombrable de cicognes, dont les grands nids s'étendent sur tous les points culminans des ruines et du rempart, et qui consacrent leurs longs loisirs à battre leur bec, et à se trémousser gravement sur leurs pattes, comme certaines confréries de moines musulmans, faisant la prière. Du reste, cette ressemblance frappante s'explique : il paraît qu'une bande d'Arabes qui pillait les caravanes de la Mecque fut jadis, à la prière de Mahomet, transformée en un vol de cicognes. De là le respect des Musulmans pour ce bipède.

J'allai saluer les administrateurs de la douane, quatre vieillards respectables, simples d'esprit et de mœurs, que je trouvai assis, les jambes croisées, sur une natte, où ils passent presque toute la journée. L'hôtel de l'administration produisit sur moi le même effet que notre consulat : c'était la même architecture, le même ameublement ; la même multiplicité dans l'unité. Je jugeai ces magistrats affables et bons, et ils me jugèrent aimable, non pour l'art avec lequel je maniais la langue du Coran (je ne le pense pas), mais pour trois pains de sucre, accompagnés de trois boites de thé, enveloppées de trois foulards, que je fus forcé de les prier d'accepter.

On me conduisit de là chez le kadi, gros et rouge vieillard à barbe blanche, qui me reçut sur le seuil de sa maison, où il passe toutes les heures de la journée qui ne sont pas consacrées aux repas et au sommeil. C'est là qu'il donne audience, et qu'il rend la justice, comme on la rendait autrefois, en face du ciel. Sans être prétentieux, je crois lui avoir paru aimable, comme à ses collègues de la douane, et toujours pour le même motif.

Il me restait une dernière visite à rendre au kaïd, khalifa de Mouléï-Ahmed, simple chef municipal et commissaire de police, quand Mouléï-Ahmed réside à Dar-Beïda, et magistrat réunissant toutes les attributions municipales et politiques, lorsque le gouverneur est en tournée. Ce jour-là, je devais saluer en lui la double autorité : le prince était absent.

Dans une des boutiques de barbier les plus achalandées du boulevard des Italiens de Dar-Beïda, sale cabane de chaume, encombrée de toute sorte de gens rasans et rasés, et devant la porte de laquelle pendait, en guise de draperie, un filet, on nous montra un homme, ni beau ni laid, ni jeune ni vieux, enveloppé dans son haïk, et roulant gravement entre ses doigts les grains d'un chapelet. C'était le kaïd. A notre arrivée, le brave fonctionnaire nous fit l'honneur de quitter cette boutique de plaisance, où il passe ses heures de *farniente*, et il nous conduisit dans son hôtel, dont le mystère était d'ailleurs indispensable pour la réception du cadeau que je lui destinais. Car, bien que tout le monde soit obligé de faire des cadeaux à ces magistrats, personne n'est censé savoir qu'ils les reçoivent. Pour éviter les répétitions, je ne dirai rien de l'hôtel de la préfecture. Tous les édifices ont été, dans ce pays, ordonnés par le même architecte : *la crainte du pouvoir*, qui produit partout la misère apparente ou réelle.

Il me tardait de me reposer enfin dans mon logement. J'étais déjà suffisamment préparé à ses agrémens par cette première inspection des monumens publics.

Il fallut grimper par un escalier de pierre aux degrés inégaux et branlans, jusqu'au haut d'une terrasse, qui formait le premier étage d'une maison juive, dont le propriétaire occupait le rez-de-chaussée. Là je fus introduit dans un cube de maçonnerie fraîchement enduit de chaux, qui prenait le jour par une meurtrière étroite, et par une immense porte en bois d'arar(*tuya articulata*). « Voici votre appartement, » me dit gravement Manuelo. Il me montra, dans un angle, mon matelas de voyage étendu sur une natte et recouvert d'un tapis. « Ceci, ajouta-t-il, sera, le jour votre divan, et la nuit votre lit. » Puis, passant à deux caisses en bois : « Voici le secrétaire et la table à manger. Du reste, continua-t-il, la vue d'ici est magnifique; à nos pieds, la basse-cour et le logement du propriétaire; plus loin le quartier juif, le marché, des ruines, le rempart... et là-bas la plage et l'Océan. » Nous passâmes ensuite à un autre cube, encore plus petit que le premier. « Ici, poursuivit Manuelo, nous avons établi l'office, la sellerie, le réfectoire et la chambre à coucher de nos gens. Pour le réfectoire et la sellerie, il n'y a rien à dire; quant à l'office, il serait fort bien, s'il n'y manquait absolument tous les ustensiles. Mais Chélimo est en train d'y pourvoir. »

En effet, je vis Chélimo préoccupé, soufflant, suant, aller et venir durant plusieurs heures; chaque fois apportant en triomphe un nouvel ustensile, persuadé chaque fois que sa tâche était terminée, et chaque fois renvoyé à la recherche de quelque objet manquant. Ainsi arrivèrent successivement deux vieilles assiettes de faïence anglaise, un soufflet, une marmite, une poêle, des pincettes, et, bonheur inespéré! jusqu'à des fourchettes. Quant aux cuillères, elles étaient nombreuses, et le fournisseur était à deux pas : c'était l'Océan qui nous jetait libéralement des coquilles de moules sur le rivage.

Cependant, au vingtième voyage, l'office manquait encore d'un fourneau. Rien de plus facile à fabriquer : avec un peu d'argile détrempée, chaque ménagère monte elle-même sa cuisine. Mais l'heure du déjeûner approchait; il fallait à tout prix se procurer un fourneau sur-le-champ, et, dans ce moment, impossible d'en trouver un seul à vendre ni à louer. Chélimo, las de courir, en aperçoit un sur le seuil d'une cabane maure ; il s'en saisit et l'apporte, mais, non sans être vu. Aussitôt plainte au kaïd contre Chélimo, déjà signalé dans le pays pour maint exploit de ce genre. Citation, contrainte par corps et menace du fouet. Chélimo hûrle de tous ses poumons qu'il est la chose du chrétien, et que battre la chose du chrétien, ce serait battre le chrétien lui-même. A ces cris, le bâton s'arrête, mais les mains s'ouvrent. Le kaïd a respecté le chrétien ; *regalo* au kaïd ; ses deux lieutenans s'unissent de tout cœur aux sentimens respectueux du kaïd, *regalo* aux lieutenans ; *regalo* à l'exécuteur, en indemnité de l'aubaine perdue ; *regalo* pour le portier du palais, qui a introduit les parties ; *regalo* pour le soldat qui a appréhendé l'accusé et pour celui qui l'a ramené au logis ; enfin *regalo* pour le propriétaire du fourneau, qui, par considération pour le chrétien, se résigne à le céder à un prix triple de sa valeur.

Je comptais passer quelques jours à Dar-Beïda ; mais vingt-quatre heures m'avaient suffi pour épuiser tout le plaisir que je m'étais promis. On le concevra sans peine. Aussi, mon escorte ayant été convoquée, je signifiai que nous partirions le jour suivant pour Rbat.

« Impossible, dit Isaac, les Zahires viennent de faire une descente sur la route ; hommes, femmes, courriers, jusqu'à de saints hadji, tous les passans sont arrêtés et pillés. Voilà de malheureux juifs qui entrent dans la ville, nus de la tête aux pieds ; des Maures les suivent à peu de distance, réduits au même état, et peut-être, ajouta-t-il à voix basse, allons-nous être témoins des évènemens politiques les plus graves qui aient jamais signalé ce règne. Les uns disent que le sultan vient de faire alliance avec

Sidi-Abd-el-Kader ; d'autres assurent que les négociateurs n'ont pas pu s'entendre. Fès et Meknès s'agitent en faveur d'Abd-el-Kader. Rbat et Salé ne sont pas plus tranquilles. Hélas ! hélas ! que va-t-il advenir ? »

« Il adviendra, répondis-je à l'orateur dolent, que nous reprendrons pour retourner à Rbat la voie par laquelle nous sommes venus. »

« Impossible, dit Manuelo ; *le Sphinx*, qui a mis à la voile cette nuit, est déjà hors de vue, et sur la rade il ne reste plus une seule barque où nous puissions prendre passage. »

Habitué à ne pas croire Isaac sur parole, et connaissant d'ailleurs l'extrême poltronnerie des juifs, je voulus, avant de prendre un parti, recueillir sur les dangers de la route, et sur le caractère des Zahires, de plus sûres informations que les siennes. Je sortis dans cette intention, et je trouvai la ville plongée dans une consternation profonde.

« Qu'est-ce donc que les Zahires? » allais-je demandant partout. A ma question chaque passant répondait par une particularité nouvelle, et toutes ces exagérations réunies finirent bientôt par former le plus sombre portrait.

II.

LES ZAHIRES.

— Les Zahires, dit l'un, c'est le cauchemar de tous les sultans du Maroc, depuis Iacoub-el-Mansour jusqu'à Mouléï Abd-er-Rahman. D'Agadir à Tanger, d'un bout de l'empire à l'autre, le nom seul des Zahires fait frémir Maures et Juifs, hommes et femmes, jeunes gens et vieillards; il fait tressaillir l'enfant dans le sein de sa mère.

— Ce sont de vrais Berbères, dit l'autre ; mais tout ce qu'il y a de plus noir, de plus nu, de plus voleur, de plus féroce parmi les populations de l'Atlas. Ils habitent les basses vallées du versant occidental, et viennent semer leurs grains et faire paître leurs troupeaux, quelquefois à cinq ou six lieues de la côte. Mais les percepteurs du tribut s'avancent-ils en force: aussitôt hommes et troupeaux passent des vallées dans les gorges et au fond des bois, jusqu'au moment où, de guerre lasse, les agens du sultan se retirent. Malheur au voyageur ou au courrier qui, pour abréger la route de Maroc à Fès, se hasarderait à traverser leur territoire semé d'embûches! D'abord ils le dépouillent de la tête aux pieds : ils font ensuite une perquisition minutieuse sous ses cheveux, dans ses oreilles, et dans tout autre endroit où pourrait se glisser un *boundouqui* (monnaie d'or du volume d'une pièce de 50 centimes) ; puis ils passent à l'estomac. Souvent, en effet, le malheureux voyageur aux abois a eu l'idée d'engloutir son trésor pour le sauver. Le premier mode d'exploration consiste à faire avaler au patient une grande quantité de lait, puis à le suspendre par les pieds. Suppose-t-on l'estomac assez dur pour avoir entrepris la digestion de son précieux dépôt, trop dur pour céder aux sollicitations de la médecine expectorante, on procède aussitôt à l'opération césarienne. Le *kandjar*, poignard à lame recourbée, va fouiller jusqu'aux derniers replis des entrailles, et si cette fois encore l'expérience est infructueuse : « *Robbi!* s'écrient les fanatiques, c'est Dieu qui l'a voulu ainsi ; une autre fois nous serons plus heureux. » Et ils vont jeter le cadavre dans le torrent.

— Que Dieu vous garde, ajoute un troisième, de les avoir jamais à votre poursuite! Par leurs petits chevaux maigres, efflanqués, infatigables, ils sont rapides comme l'éclair; et par les énormes chiens dressés au combat, redoutables auxiliaires de toutes leurs expéditions, ils sont féroces comme les loups.

— Les Zahires, dit un quatrième, c'est un flux et un reflux perpétuels. La plaine située entre Rbat et Dar-Beïda ne peut pas plus se tenir à l'abri de leurs invasions que le rivage ne peut se défendre de l'Océan. Le sultan se trouve-t-il dans quelque province éloignée : voilà le flot berbère répandu sur la grande route et sur les terres voisines, les douars pillés et chassés, les caravanes arrêtées, les voyageurs rançonnés et dépouillés. Le sultan accourt-il pour réprimer le désordre · les *sbantout* (bandits) rentrent dans leurs vallées, se retranchent dans les bois, et attendent. Le blocus hermétique est la seule tactique praticable contre eux. On réussit ainsi quelquefois, en les refoulant de plus en plus, à découvrir leurs moissons que l'on brûle, leurs silos que l'on pille, leurs troupeaux que l'on enlève. Mais l'armée impériale, que le sultan est contraint de commander en personne, sous peine d'une déroute générale, se trouve toujours contre eux ou trop faible ou trop forte. Trop faible, les Zahires ne craignent pas de se mesurer avec elle ; et leurs sorties impétueuses, et leurs retraites qui déjouent toute poursuite, finissent par la harrasser et la démoraliser. Trop forte, le manque de paille et l'épuisement rapide des pâturages l'obligent bientôt à décamper. Dans tous les cas, les rebelles triomphent. C'est alors, pour les arbitres ordinaires des dissentions politiques, pour les marabouts, le moment d'offrir leur médiation, que l'on s'empresse d'accepter de part et d'autre. La transaction semble un succès pour les deux parties, quand les Zahires se sont résignés à rendre, sous forme de tribut, le tiers ou le quart du butin conquis sur la grande route, et quand, à ce prix, le sultan s'est résigné à leur rendre sa bénédiction pontificale.

Mais comme tout l'empire a eu les yeux fixés sur l'événement, il faut lui prouver que son souverain ne laisse jamais l'outrage impuni ; il faut donc que le sang coule, peu importe quelle sera la victime. Alors on ouvre les prisons : on coupe quelques têtes, on les sale et on les fait voyager à franc étrier, d'une province à l'autre, en les exposant successivement aux portes des principales villes. Il est vrai que, grâce à la rapidité du voyage, l'économie devient quelquefois possible, et vingt et trente têtes produisent l'effet d'une centaine. Sur ce nombre, souvent il n'y en a pas une seule qui ait appartenu à un Zahire ; mais à l'horrible grimace que la mort et les cahotemens du voyage ont imprimée sur ces visages livides, la population croit reconnaître les traits sous lesquels le Zahire apparut toujours à son imagination épouvantée.

— Mais, répliquais-je à tous mes narrateurs, le sultan ne peut tarder à venir faire rentrer ces bandits dans leurs montagnes. Combien de lieues par jour peut faire l'armée impériale, quand elle est en campagne ?

— Trois lieues.

— Et dans ce moment, où se trouve-t-elle ?

— A Fés, dit l'un.

— Non, à Meknès, dit l'autre.

— Non, à Ouchdà.

— Non, à Taza.

Entre toutes ces opinions contradictoires, il n'en était pas une qui ne se présentât sous la garantie d'un témoin oculaire. Tous juraient avoir vu le camp, ou avoir parlé à quelque ami qui revenait du camp.

— Enfin, ajoutai-je, à combien de journées de marche se trouve distante de Dar-Beïda la moins éloignée de toutes ces villes ?

— Quarante jours, répond un courrier.

— C'est-à-dire, repris-je, quatre-vingts fois le temps qu'il en faut aux Zahires pour prendre et saccager Dar-Beïda... Voyons ce que le préfet du département pense de tout ceci, lui qui doit avoir des nouvelles positives.

Sur l'heure même, je fis inviter le kaïd à venir prendre le thé chez moi. Trop poli pour se faire attendre, il suivit le messager qui lui avait porté mon invitation. Me serrer la main, croiser ses jambes, et avaler une tasse de thé fut pour lui l'affaire d'une minute. Pendant que Manuelo lui apportait une seconde tasse, j'entrai en matière aussi adroitement qu'il fut possible, et je lui adressai, d'un air indifférent, plusieurs questions sur la position et sur les desseins du sultan, sur la force et sur les mouvemens de l'armée. Mais mon hôte, aussi gourmand que rusé diplomate, s'y prit de manière à ne donner par tasse de thé qu'une seule réponse, et toujours la même, quelle que fût la question. *Inch Allah* ! est une formule qui compose à elle seule tout le dictionnaire diplomatique des Maures. Elle contient la solution de tous les problêmes imaginables. S'il plaît à Dieu ! — peut-être — je le crains — je l'espère — c'est probable — oui — non — elle signifie, selon les circonstances, tout cela et autre chose encore. Tous mes efforts échouèrent contre cette impassible contenance; toutes mes questions se perdirent dans ce tonneau sans fond. Comme la théière six fois vidée tardait à reparaître, mon kaïd crut que je me trouvais pleinement satisfait; alors, par un mouvement digne des plus habiles prestidigitateurs, il fit passer, du sucrier dans son haïk, le peu de sucre échappé à ce déluge de thé, et me serrant affectueusement la main : « Adieu, dit-il, inch-allah! tout ira bien, et pour ma part, je sais gré aux Zahires de te retenir quelques jours de plus parmi nous. »

Force me fut de me payer de ces renseignemens, de ce compliment et de ces vœux, et de chercher un antidote contre l'ennui, en attendant une occasion de quitter la ville

C'est aux ruines que je m'adressai d'abord; je comptais, pour distraire ma dévorante impatience, sur quelque hiéroglyphe à exhumer, sur quelque antique cadavre mutilé à reconstruire par la pensée : mais vaines furent toutes mes recherches; je ne trouvai pas une seule inscription, je dus me contenter de quelques fragmens de granit et de siénite, sur lesquels survivait la trace du ciseau antique, et que j'allais déposer sur ma terrasse. Mais il me fallut bientôt renoncer à l'archéologie, sous peine de me voir à la longue muré dans ma collection.

Juifs et maures, qui observaient tous nos mouvemens, s'imaginant que les pierres de Dar-Beïda possédaient quelque vertu secrète, médicinale ou commerciale, s'abattirent par essaims sur ce grand amas de décombres, et, comptant sur une gratification, ils se mirent par caravanes à charrier des pierres et des coquillages jusque sur ma terrasse où s'était installé ce singulier bazar. Je voulus les chasser, mais, habitués à dépenser des journées et des semaines entières de disputes, pour la conclusion du moindre marché, ils prirent d'abord mes refus pour un stratagème de spéculateur, et continuèrent leur manége avec une persistance telle, que Ben-Sebbah dût intervenir pour le faire cesser. Puis, quand ils reconnurent qu'il fallait renoncer à la vente de la marchandise, ils renoncèrent à la marchandise elle-même ; et bien leur en prit, car je dus me résoudre alors à les payer pour débarrasser la terrasse d'un poids sous lequel elle était près de s'affaisser.

Un seul juif, esprit fort, qui se vantait d'avoir habité Tanger, comme on se vante d'avoir visité Rome, et qui se vantait de sa correspondance avec le consul anglais, comme le premier philosophe venu se fût vanté de la correspondance du grand Frédéric ; ce juif, persuadé d'avoir seul pénétré mes desseins, persistait dans ses recherches...

Un jour, je le vois survenir chargé d'un fragment de squelette de chameau, macéré, blanchi, poli, à faire envie à un coutelier : « Regardez, quelle éclatante blancheur, combien m'en donnez-vous ? »

— Rien.

Trois fois il fit la même question, et reçut trois fois la même réponse. Quand tout espoir de me décider fut perdu : « Ah ! dit-il d'un air superbe, vous refusez ? tant pis pour vous. Le savant consul anglais de Tanger se gardera bien de refuser, lui, et vous verrez quelque jour ce bijou de squelette briller comme un diamant dans son Muséum. Ah ! vous avez beau dire, les Anglais sont le premier peuple du monde ! »

Je chassai l'insolent, et rebuté par cette redoutable concurrence anglaise, je tournai brusquement le dos à l'antiquité, pour me rejeter tout entier au sein de la nature vivante.

Le matin, c'était le gai spectacle de la campagne étincelante de rosée ; l'air frais ; les troupeaux s'acheminant à pas lents vers le pâturage ; les chevaux caracolant et se roulant sur la plage, après le bain ; les artisans affairés, sous leurs tentes; les femmes juives, travaillant sur le seuil de leurs cabanes; un essaim d'enfans et de chiens courant par les rues. Au milieu du jour, c'était une chaleur saisissante, comme celle du bain turc, avec les mêmes sensations de langueur, de douce inertie, de bonheur négatif; les animaux accroupis et silencieux, les hommes enveloppés tout entiers dans leurs *haïk*, étendus sur le sable au soleil, ou couchés sous l'ombrage; et au milieu de ce silence solennel, la voix sourde de l'Océan et le murmure incessant du flux et du reflux, mystérieuse palpitation de la planète haletante.

A cette heure j'allais me coucher sur les bords ombragés d'un ruisseau qui coule aux portes de la ville *super flumina Babylonis*. Insensiblement l'impatience et l'ennui s'élevaient en moi, comme un fleuve prêt à submerger toutes mes facultés, et quelquefois je demeurais ainsi jusqu'au soir, comme terrassé par un douloureux vertige.

Dans ces momens de tristesse, Isaac cherchait à lutter contre mon spleen par les plus douces distractions que pût offrir Dar-Beïda. « Suivez-moi, me disait-il d'un air insinuant; et il me menait... où donc? quelquefois au sabbat et deux fois par semaine au marché.

Le marché se tient aux portes de la ville; vous y voyez des fruits secs mélangés, du blé, de la laine, des babouches, des vases de grès, quelques étoffes anglaises, le tout étalé pêle-mêle sous de petites tentes triangulaires, ou en plein air et en pleine poussière. Autour de ces tentes se pressent des milliers de maures et de juifs, venus des environs pour vendre et acheter, ou seulement pour s'enquérir des nouvelles et pour disputer; les uns presque entièrement nus, les autres drapés de haïk, d'un blanc équivoque, ou de chilaba sales et en lambeaux.

Çà et là on heurte des poules garottées, de maigres

moutons, de maigres chevreaux bêlans et des vaches décharnées, vrai songe de Pharaon. Au milieu se tiennent les bouchers, égorgeant les animaux sous les yeux de la foule, et, le couteau sanglant entre les dents, faisant à chaque acheteur sa part de chair et d'os qu'il doit accepter telle qu'elle. Plus loin ce sont les épiciers pétrissant, pesant et distribuant le beurre, avec des mains qu'ils essuyent de temps en temps à leur barbe ou à leurs cheveux; les médécins ambulans, accroupis autour de fourneaux ardens où plongent des fers de toute dimension, dont la brûlure est employée comme un remède universel, contre toute maladie interne ou cutanée. Qu'on se figure ce pêle-mêle de figures étranges, de toutes les couleurs, ce brouhaha d'atroces injures et de frénétiques disputes pour quelques centimes! Ici, des chiens qui rôdent, se poursuivent à travers la foule, traînant des lambeaux d'entrailles dérobées aux bouchers; là des ânes et des chameaux attendant avec un air morose l'échange de fardeaux qui suivra cette bataille commerciale; tout cela noyé dans un épais nuage de poussière, au milieu d'un vacarme assourdissant, et sous les rayons méridiens d'un soleil d'Afrique. Voilà un marché de Dar-Beïda, ou plutôt voilà quels sont tous les marchés des Maures. Voilà par quel spectacle le malin esprit Isaac s'efforçait de charmer mes dégoûts de l'exil.

Jamais pourtant poignard de tragédie ni de mélodrame ne me fit éprouver émotion pareille à celle dont je fus assailli, un jour, dans un de ces marchés. *Tandis que sans songer à mal*, je regardais une femme berbère des montagnes de Tadla, qui n'était ni blanche, ni jeune, ni jolie, mais dont les grands yeux noirs lançaient des éclairs, je la vois tout à coup se précipiter sur moi, la main armée d'un grand couteau, et avant que j'aie eu le temps de me reconnaître, elle m'a saisi au collet. Mais, chose singulière, pendant que le couteau menaçant effleurait ma poitrine et qu'une main nerveuse m'étreignait, la bouche souriait doucement, et les grands yeux bleus semblaient supplier.

— Eh bien! que veux-tu, ma chère ?

— Ce que je veux? me dit-elle, seulement un tout petit morceau de l'étoffe qui entoure ton cou. » Un tout petit morceau! ce mot me frappa. Le caprice qui s'éprend tout à coup d'un objet nouveau, la coquetterie qui s'engoue d'un ornement original n'eussent pas été si discrets : je promis la cravate tout entière, à condition que l'on me donnerait une explication complète. Elle hésita quelque temps, et puis : « Je suis stérile, dit-elle en soupirant, et nos saints m'ont assurée qu'un peu d'étoffe coupée sur le vêtement d'un chrétien, et prise en infusion, aurait la vertu de me guérir. »

Ailleurs qu'au Maroc, cette explication m'eût paru complète. Mais là le mot stérilité manque de précision.

— Je suppose, ma chère, répliquai-je, que le ciel ne t'a jamais accordé d'enfans.

— Oh! que Dieu ne t'entende pas, répondit-elle, j'en ai eu huit; mais voilà bientôt trois ans qu'il ne m'en envoie plus, et mes voisines me raillent.

— Quel âge as-tu?

— Je l'ignore; mais je me rappelle bien avoir vu faire vingt fois la moisson.

— Pauvre femme, voilà ma cravate.

Elle saisit la précieuse étoffe avec une joie ineffable, et disparut dans la foule. Or, voici infailliblement ce qui a dû arriver : après son retour au douar, les voisines curieuses et jalouses sont accourues pour voir l'inappréciable amulette, et pour en obtenir un morceau. Si les prières n'ont pas suffi, on a eu recours aux menaces et à la violence. Le bruit de cette trouvaille s'est bientôt répandu dans tout l'Atlas. De tous les douars, les femmes ont envoyé des ambassadeurs pour traiter de la cession d'une parcelle de l'écharpe, et, jusqu'au dernier fil, l'écharpe a fourni de la tisane à tout l'Atlas.

Pendant que j'étais à l'affût des distractions, Manuelo, moins difficile que moi, prétendait se contenter du plaisir de la promenade. Or, le lieu qu'il affectionnait le plus était un vieux pan de muraille qui dominait la maison du cheikh (magistrat municipal) des juifs ; il se promenait là à peu près comme un coq se promène sur la pointe d'une flèche. Le secret de cette récréation excentrique, c'est que son œil plongeait de là dans la cour de la maison, où la femme du cheikh, jeune et jolie brune au regard humide, venait souvent regarder la vieille muraille. Un jour, pendant que Manuelo était à son observatoire, passe le cheikh, jeune étourdi, très vaniteux, quoique borgne et contrefait, et fort, dans tout le pays, moins encore de la magistrature dont il était investi, que des bonnes grâces de Mouléï-Ahmed, qui le traitait comme un chien favori. Apercevant le manége suspect de l'audacieux Génois, le cheikh l'apostrophe vivement : Manuelo répond par un coup de pierre : le cheikh riposte du même argument, et puis Manuelo, et puis encore le cheikh. La bataille est sérieusement engagée. Mais, sous peine de s'écrouler avec la muraille qui lui fournit des armes, le Génois ralentit ses coups, tandis que le cheikh puise largement dans l'arsenal étalé sous ses pieds. L'assiégé, furieux, se précipite alors sur l'assiégeant : la lutte s'engage corps à corps, et bientôt Manuelo est contraint de céder le champ de bataille, et s'en vient, la chemise déchirée et le visage meurtri, me porter sa plainte.

Dans un pareil pays, laisser impunie une injure faite à un chrétien, même lorsque le tort est de son côté, c'était établir un antécédent dangereux. Je résolus donc de faire un exemple, et, comptant peu sur l'autorité du kaïd, j'en voulus écrire sur-le-champ à Moulêï-Ahmed, qui se trouvait alors à Mazagan. Le chef des courriers fut mandé à l'instant même, et je lui ordonnai de porter au prince une lettre que j'avais préparée. Le courrier prend ma lettre et part... mais pour aller consulter sans doute le kaïd, et prendre ses ordres ; car, un instant après, celui-ci arriva, et toujours après les complimens et la tasse de thé d'usage, après avoir fait l'ignorant sur le motif de ma plainte, après me l'avoir fait raconter, et avoir mis à bout ma patience, mais peut-être aussi ma mauvaise humeur, il me dit, d'un air tout pénétré, et comme s'il partageait ma colère :

— Qu'exiges-tu que je fasse à ce misérable? que m'ordonnes-tu?

— De donner cent coups de bâton à ce juif, tout à l'heure, en présence de tous les juifs de la ville.

— Eh mon Dieu ! je lui en donnerais cinq cents.... si cela m'était permis. Mais si vil, si ignoble que soit ce chien, c'est le chien favori de Moulêï-Ahmed : ce chien a de l'argent, et je ne puis pas le toucher sans un ordre supérieur. Cet ordre, tu l'obtiendrais bien si ta lettre était portée à monseigneur Moulêï-Ahmed ; mais alors c'est à moi qu'il s'en prendrait pour n'avoir pas su prévenir le mal. Ecoute, poursuivit le kaïd, avec une onction et une finesse qui m'étonnaient, je réponds, tu le sais, de tous les désordres qui se commettent ici. Malgré moi, la faute dont tu veux te venger est devenue la mienne. Eh bien! je t'en demande pardon, tu ne voudras pas exciter contre moi la colère de mon maître ; refuseras-tu de pardonner au kaïd de Dar-Beïda, à ton ami?

— Cent coups de bâton, répondis-je froidement.

— Hélas ! hélas! sur ma foi, dit le fonctionnaire désappointé ; ces chrétiens tiennent plus à leur parole qu'à leur femme. Mais enfin, ajouta-t-il, je ne puis pas le faire punir avant d'avoir entendu la défense.

— Eh bien! qu'il se défende, s'il le peut, répondis-je brusquement.

Aussitôt le cheikh commence une harangue longue, obscure, ampoulée, suppliante et souvent interrompue par des larmes, où le prévenu s'efforce de persuader que, de sa part, la bataille n'a été jusqu'au bout qu'un badinage amical, incompris de Manuelo. Réduit à se disculper, le cheikh était trop adroit pour rejeter les torts sur son adversaire. Aussi, en terminant : « Certes, dit-il, personne plus que moi n'aime ce bon signor Manuelo; j'en atteste le ciel, ma femme et mes enfans, et si Dieu permet qu'on me pardonne, je ne veux pas qu'un seul jour se passe, sans que signor Manuelo ne vienne s'asseoir à ma table. » (Manuelo n'était pas là, mais il avait trouvé le moyen d'entendre cette phrase, et de la faire insérer au procès-verbal.)

— Quoi! dit Isaac, tu aimes signor Manuelo, et tu oses lever la main sur son ami. Mais tu es une brute.

A ces mots il applique un immense coup de poing sur le dos du prévenu.

— Imbécile! ajoute le consul, et un autre coup de poing tombe sur le cheikh.

— Canaille! dit le rabbin, et un troisième coup suit la trace des deux autres.

La scène devenait comique, jusqu'à compromettre ma gravité, et l'on vit bien que je résistais avec peine au besoin d'éclater. Aussitôt kaïd, lieutenans, rabbin, consul, interprète forment un chorus général de supplications, et, profitant de la conjoncture, le prévenu, avant que j'aie le temps de deviner son intention, s'élance vers moi et parvient à baiser mes cheveux. C'eût été violer un usage sacré que de lui refuser le pardon après cette accolade.

Pourtant, ne voulant pas qu'une question aussi grave se résolût en plaisanterie, j'imposai silence à l'auditoire, et je prononçai : « que la loi du pays accordant à l'offensé le droit d'absoudre ou de poursuivre l'offenseur, jusqu'à ce que jugement s'ensuive, Manuelo était la seule personne à la prière de laquelle je pusse pardonner. »

A ces mots, transmis sur-le-champ hors de l'audience, une clameur confuse s'élève dans la cour, et bientôt nous voyons paraître Manuelo, au milieu d'une troupe de femmes qui le suppliaient en pleurant, en riant, en baisant ses mains, ses cheveux et son vêtement, et qui cherchaient à l'attendrir en l'invoquant dans la langue de son pays. *Bueno, bueno, signor Manuelo!* C'étaient la mère, la femme, la tante, les sœurs, toutes les parentes du cheikh. Dans ces pays, surtout parmi les juifs, la parenté, c'est souvent toute la population de la ville. Je voyais Manuelo lutter avec peine contre une émotion qu'il aurait voulu cacher. « Tu pleures? lui dis-je. — Je m'en garderai bien, Monsieur. » Et ses yeux étaient inondés de larmes.

Le cheikh courut donner à son adversaire l'accolade de la réconciliation. L'auditoire ému se leva comme un seul homme, et Manuelo fut porté en triomphe dans la maison du cheikh, qui le retint à dîner.

Il faut avoir assisté à un festin juif, un jour de sabbat, pour avoir une idée de la capacité et de la force digestive de l'estomac. Le couscous, la daphina, viande cuite au four avec des légumes et des œufs durs, la volaille, le poisson, se consomment, dans ces festins, en quantités vraiment effrayantes. La boisson ordinaire est une eau-de-vie extraite de figues, de raisins ou d'autres fruits, liquide corrosif, qui fondrait le bronze même.

Ainsi, et plus tristement encore, s'étaient écoulés bien des jours, lorsqu'un matin Isaac vint à moi tout rayonnant de joie : « Excellente nouvelle ! dit-il ; Moulèï-Ahmed arrive à la tête d'une nombreuse cavalerie. Il a été rejoint à Mazagan par le kaïd Taïbi-Oudini, l'un des favoris du sultan, qui se rend de Maroc à Fès avec son harem. »

Ce kaïd Oudini accompagne huit ou dix mules chargées de l'or, produit des contributions du sud. Sa mission est pressée, il faudra donc bien qu'il trouve un moyen de passer, en dépit des Zahires, avec ses femmes et avec le trésor du sultan, et s'il passe, nous passerons aussi. *Inch Allah* !

— Allons donc saluer Moulèï-Ahmed, et faire nos préparatifs de voyage. *Inch Allah* !

III.

ENTRE DAR-BEIDA ET RBAT.

Dar-Beida rayonnait de parure et de joie; toutes les dames de la ville, maures et juives, réunies par essaims sur le rempart et sur les terrasses, poussaient par intervalles des cris aigus et prolongés. A la porte de la ville étaient rangées en bataille, d'un côté, la garde des marins, de l'autre la garde nationale. En tête de la première se pavanait le brave Reis-Mohammed, en grand uniforme, c'est-à-dire dans son haïck, lavé de la veille. La seconde, composée de quinze bizets, armés de quatorze armes de divers calibres, formait une garniture bariolée au milieu de laquelle paraissaient enchâssées les autorités civiles, le cadi et les administrateurs de la douane. Quant au kaïd, il s'était porté, dès le point du jour, à la rencontre du prince avec ses lieutenans et une compagnie de quatre estafiers.

Au moment où j'arrivai sur le rempart, le défilé commençait, et déjà l'escadron de noirs qui ouvrait la marche se précipitait au galop dans la ville au son de trompettes époumonées, dont les cris luttaient avec un désavantage visible contre le *lilililili* des dames enthousiasmées. Parut ensuite l'étendard des chérifs, porté par un kaïd à cheval, derrière lequel s'avançait lentement Mouléï-Ahmed. Le prince montait un joli cheval noir, dont le préfet de Dar-Beida tenait la bride : autour de lui les quatre estafiers agitaient des mouchoirs de soie. Un bournous en soie blanche, flottant au vent; des bottes de souple maroquin gris; une bride tissue de cordons de soie blanche et ornée de franges; une selle en velours rouge et de grands étriers en argent composaient l'élégant équipement de Mouléï-Ahmed : ses armes étaient portées derrière lui par quatre officiers, que suivaient des soldats menant en laisse trois beaux chevaux de parade richement caparaçonnés. Venait ensuite le mchaouri, kaïd des commandemens du prince, avec les secrétaires et les écrivains. La marche était fermée par une compagnie d'artilleurs renégats et par un escadron de noirs.

A quelque distance de ce cortége en parut un autre, qu'un autre encore suivait. Le premier était formé par un corps de cavalerie que commandait le kaïd Taïbi-Oudini. Son étendart marchait devant lui, et un grand nombre d'officiers caracolaient à ses côtés. Au centre de l'escadron se trouvaient le harem du kaïd et l'argent du fisc, précieux bagage que portaient quatorze mules dont la bride était tenue par quatorze cavaliers.

Enfin nous vîmes défiler un convoi de chameaux avec leurs chameliers, de mules avec leurs muletiers, de marchands avec leurs marchandises, qui s'était recruté depuis Maroc de tous les voyageurs rencontrés sur la route.

Ce fut en peu d'instans dans la ville, une chaleur, une poussière, un vacarme, un pêle-mêle effroyable, au milieu duquel le préfet, ses lieutenans et les estafiers allaient et venaient, couverts de sueur pour surveiller le campement. Les tentes blanches du harem et de l'état-major, et les tentes grises des soldats, disputaient le terrain aux tentes brunes et noirâtres des marchands. Soldats, muletiers, chameliers se querellaient avec d'horribles vociférations. Les horions tombaient en définitive sur les juifs, qui, répandus çà et là dans la foule, paraissaient comme des taches noires jetées sur un fond blanc.

Heureusement, vers midi, les rayons du soleil devinrent si ardens, que le tumulte finit par s'abîmer dans un sommeil général, jusqu'à l'heure où le muezzin cria la prière de l'*assur* (3 heures).

Je fis alors demander une audience à Mouléï-Ahmed, qui me reçut dans son kiosque au bord de la mer. Le mehaouri se présenta d'abord pour recevoir des mains d'Isaac les cadeaux que j'apportais au prince et à lui-même. Après ce préliminaire obligé, nous fumes introduits. Je trouvai Mouléï-Ahmed assis sur un piédestal de marbre recouvert d'un tapis. Comme, à cette époque, j'étais déjà pour lui une ancienne connaissance, il me reçut sans cérémonie, et me tendant amicalement la main, il me fit asseoir tout près de lui sur un coussin. Mon interprète et son mehaouri furent renvoyés sur la batterie : « Tu ne sais pas fort bien notre langue, me dit-il, mais je te comprends ; et à force de t'entendre parler l'arabe, j'espère apprendre bientôt le français. »

La gravité sied peu à Mouléï-Ahmed. Sur une physionomie sérieuse et immobile, son nez épaté, ses lèvres épaisses, ses petits yeux noirs et brillans, et son teint cuivré, traits caractéristiques de la royale tribu des chérifs, forment un ensemble grimaçant et bouffon. Mais il gagne beaucoup à être vu dans l'intimité : sitôt qu'il se déride, l'abandon, la gaité, la vivacité de ses regards répandent sur son visage une harmonie qui plait ; et quand le prince-gouverneur s'est effacé, le jeune homme de vingt-quatre ans reste charmant de naïveté.

Avec les Maures, comme avec les Turcs, il ne faut jamais aller droit au but ; aussi, avant d'arriver à l'objet de ma visite, dûmes-nous causer de mille autres choses : nous parlâmes de modes, d'ameublement, de femmes et de mariage. La couleur de mes gants lui plaisant, il voulut les essayer, et refusa de me les rendre. Il se fût approprié mes lunettes de la même manière, si je n'eusse vivement protesté.

Il désirait ardemment faire, pour le boudoir de sa femme légitime, l'acquisition d'une psyché colossale ; je lui promis d'en envoyer la commande en France. Ceci me rappelle la frayeur qu'éprouva, six mois après, un brave capitaine provençal, au moment où son navire s'engageait dans le Bou-Regreg. Dès qu'il eut arboré son pavillon, trois coups de canon, partis à bout portant de la citadelle de Rbat, jetèrent le désordre sur le pont. Le capitaine, épouvanté, crut voir apparaître à la proue l'ombre des anciens corsaires Salétins. C'était Moulèï-Ahmed qui rendait en personne cet honneur insolite au pavillon français. Le prince s'était imaginé que ce navire lui apportait la psyché si vivement désirée, et ces trois coups de canon étaient trois exclamations d'impatience et de joie.

Malgré son goût bien prononcé pour les noires filles du Soudan, qui lui font souvent oublier sa femme légitime, issue de race mauresque, Moulèï-Ahmed aime beaucoup les Françaises. Il en a vu deux à Rbat, et depuis lors il ne rêve que d'elles ; aussi me pressait-il beaucoup de me marier.

Je lui répondis que je n'en voyais pas aussi bien que lui la nécessité, et que d'ailleurs, chez nous, le mariage est une affaire sérieuse qui demande de mûres réflexions. « Que vous êtes ridicules, reprit-il en riant ; nous entendons bien mieux que vous cette affaire-là. Pour nous, voici les seules conditions requises : il faut avoir dix-sept ans ; il faut posséder de quoi acheter un ou deux bœufs, une ou deux jarres de beurre, un ou deux sacs de blé, et quelques étoffes de soie pour la mariée. Il faut de plus pouvoir offrir à ses amis une centaine de plats de couscous, couronnés de poules et de chapons, et arrosés de café et de thé. A ces conditions, tout homme est digne de se marier. Aussi chez nous, il n'y a que deux classes : celle des enfans et celle des hommes mariés. Marie-toi donc. »

» Nous y songerons, mon prince; mais il faut pour cela que je puisse retourner dans mon pays. » La transition étant donnée, je lui témoignai vivement l'impatience que j'avais de quitter Dar-Beida. Moulèï-Ahmed m'assura que dès le lendemain je pourrais partir avec le kaïd Taïbi-Oudini, escorté par toutes les troupes disponibles. Ma captivité allait donc finir! Mes remercîmens furent sincères comme ma joie.

Le lendemain, dès le point du jour, mes gens se mettent à l'ouvrage. On bride, on selle, on charge les montures : on fait ici des restitutions : je jette au passé mes ennuis, au vent mes psaumes déchirés; je donne à tous mes amis des poignées de main, et nous voilà galopant sur le chemin de Rbat, pour rejoindre la caravane qui nous avait devancés.

Au sortir de la ville, nous traversons une vingtaine de grands douairs que l'invasion des Zahires avait refoulés vers Dar-Beïda, où ils s'étaient échelonnés, sur la route, avec toutes les précautions, et sous l'appareil de la guerre; çà et là des vedettes postées sur tous les points élevés; une garde nombreuse couchée sur l'herbe, à l'entrée de chaque douair; les chevaux et les troupeaux parqués au centre, ou attachés tout autour. Le reste de la route jusqu'à Fdala, entièrement désert.

A notre gauche, nous entendions, à peu de distance, le bruit monotone des vagues que les dunes dérobaient à la vue. A notre droite une plaine accidentée, couverte de joncs et de bruyères qui encadraient çà et là de petits champs de blé. L'œil s'arrêtait par intervalles sur quelques touffes d'arbres séculaires, jetés au hasard ou plantés auprès de tombeaux dont les pierres enduites de chaux resplendissaient au loin, sous les rayons d'un soleil ardent.

Après quatre heures d'une marche rapide, nous traversons une petite rivière sur un long et antique pont encore parfaitement conservé, d'où l'on découvre Fdala. Aussitôt tous les animaux de la caravane se précipitent pêle-mêle sur la rive et dans la rivière. C'était l'heure d'abreuver.

Fdala, qui devait être une ville, n'est aujourd'hui qu'une enceinte murée, située à quelques centaines de toises d'une rade médiocrement sûre, à cinq lieues N.-E. de Dar-Beida. Mouléï-Ismaïl la fit construire en 1773, pour servir d'entrepôt et de douane au blé de Femesna dont il avait permis l'exportation. Le commerce y accourut avec empressement, y éleva des habitations, des magasins, une mosquée. Des Européens, consuls et négocians, y jetèrent les fondemens de quelques édifices de style portugais, qui promettaient d'être élégans et vastes.

Mais cette loi de Mouléï-Ismaïl sur les céréales n'était que temporaire : on ne put en obtenir la prolongation, et le commerce contraint, faute d'aliment, de quitter la ville, abandonna ses droits de propriété à des familles de pasteurs peu soucieux de les faire valoir. L'architecte portugais dut laisser son plan à peine ébauché, et le souffle corrosif de l'Océan a commencé son œuvre de destruction, avant que l'industrie eût achevé la sienne.

Nous voici donc arrivés à Fdala. Les tentes se dressent à grand bruit : au centre, celles du kaïd, du harem, et la mienne; tout autour, celles des officiers et des soldats; dans un coin, les mornes *guitouns* des marchands. Les chameliers et les muletiers campent sous leur manteau, leur unique abri contre les ardeurs du jour, et contre la fraîche rosée des nuits. Les courriers et les voyageurs qui n'ont pas d'autre asile, iront coucher dans la mosquée.

Pendant qu'une partie de la troupe court aux silos, et procède à la distribution de l'orge au milieu du tumulte, l'autre met les entraves aux chevaux. Ces entraves tiennent à de longues cordes tendues sur deux piquets plantés en terre. L'air retentit de coups de maillet, et à chaque instant quelque cheval s'échappe et court jeter le désordre parmi les mules.

Voilà des hennissemens, des ruades, des querelles entre les muletiers et les soldats ; mais, comme disait Manuelo : *Molto fumo, poco rosto* : Des querelles toujours, mais des coups jamais ! Les feux s'allument, les groupes se forment. On prépare ici le couscous, là le thé ou le café. Mais, sur ces entrefaites, un bruit se répand, qui vient empoisonner notre joie.

La garnison de Fdala était sortie le matin pour faire une reconnaissance. On l'attendait avec impatience, et l'on s'inquiétait déjà de ne pas la voir reparaître, lorsqu'enfin elle arrive. C'était une cinquantaine de cavaliers qui s'avançaient à pas lents, tristement et sans oser déployer leur drapeau : à leur contenance on devinait bien qu'ils apportaient de mauvaises nouvelles. Nous apprenons en effet qu'ils avaient trouvé les Zahires campés sur l'une et l'autre rive de l'Enfifak, petite rivière qui traverse la route à une lieue de Fdala, pour se jeter à la mer.

La garnison avait demandé à parlementer en immolant un bœuf en vue du camp des rebelles. En pareil cas, ces sacrifices sont, chez les Maures, comme une solennelle sommation de paix faite au nom de la patrie et de la religion. Les soldats du sultan réclamaient des Zahires franchise de passage pour la caravane, moyennant une taxe prélevée par tête d'hommes et d'animaux. Mais à cet appel religieux, les Zahires inexorables n'avaient répondu que par des imprécations, et ils avaient traité les soldats du sultan « de chiens et de juifs » : c'est à la lettre.

La conclusion de ce rapport était qu'il ne fallait pas essayer de forcer le passage en dépit d'une bande aussi formidable et aussi résolue : et telle fut en effet la détermination du kaïd Oudini.

L'idée de rebrousser chemin, et de rentrer dans ce cloaque où j'avais déjà passé tant de mortelles journées, me faisait frémir. En vain j'essayai de donner du courage au kaïd : ses femmes et l'or du sultan le rendaient circonspect jusqu'à la poltronnerie. Je devins furieux ; mais quand je vis le calme avec lequel tous ces musulmans apprirent cette triste nouvelle, la résignation avec laquelle ils prirent leur repas du soir et se disposèrent à dormir, j'eus honte de moi-même. « Prenons garde, me dis-je, que l'unique représentant de la civilisation chrétienne à Fdala, ne se montre moins sage que le moins sage de ces barbares ! » et là-dessus, je m'endormis.

Le lendemain, quand nous reparûmes en vue de Dar-Beida, tous les habitans vinrent nous recevoir aux portes de la ville ; mais insensible à leurs démonstrations amicales, morne et enveloppé dans ma tristesse, je m'efforçai de me livrer, dès mon arrivée, à un sommeil que j'eusse voulu faire durer jusqu'au jour de ma délivrance.

Vain espoir ! Ce même jour, à l'heure de minuit, un horrible cri nous réveille, que dis-je, un cri ? un mélange confus de tous les sons aigus et graves de poitrine et de fausset, de tous les hurlemens, de tous les sifflemens que peut proférer la voix humaine. Ce déluge bruyant semblait pénétrer dans l'appartement par toutes les fissures des portes et de la fenêtre, par en haut, par en bas, de tous les côtés. « Hélas ! hélas ! le pauvre homme ! » dit Chelimo d'une voix émue. Ce pauvre homme, c'était le propriétaire de la maison, qui, après quatre mois de maladie, venait de rendre le dernier soupir, et toutes les juives de la ville s'étaient réunies autour de sa veuve pour la consoler et pour pleurer avec elle. Elles s'y prirent si bien, que le sommeil fut banni de la maison, du voisinage et de la ville entière : et quand le jour vint éclairer cette scène, quel spectacle !

Debout sur le seuil de la chambre mortuaire, le visage noirci de charbon, les cheveux épars et souillés de cendres, la veuve et sa sœur frappaient du pied, agitaient frénétiquement leurs bras, s'arrachaient des touffes de cheveux, et avec leurs doigts crispés, traçaient sur leurs joues et sur leur poitrine de longs sillons d'où découlait du sang. En face d'elles, debout aussi, une centaine de femmes, jeunes et vieilles, la toilette en désordre, exécutaient la même pantomime funèbre. On voyait tous ces pieds battre, toutes ces mains monter et descendre en mesure, à la cadence d'une interminable complainte. Chaque verset rappelait une des vertus du défunt, chaque verset évoquait l'âme fugitive, au nom de sa femme, de ses enfans et de ses amis, et à l'aspect de ce cadavre livide qui demeurait insensible et muet, la douleur éclatait à la fin de chaque verset, par un refrain de sanglots et de gémissemens indescriptibles. Puis, à mesure que la complainte allait se développant, que les pieds et les mains allaient s'échauffant, et les visages ruisselant le sang et la sueur, cette douloureuse harmonie exerçait sur les pleureuses je ne sais quel effet magnétique qui les transportait, les faisait écumer et excitait en elles d'horribles convulsions.

La représentation de ce drame funèbre dura quinze jours entiers, qui le croira? Et durant quinze jours une curiosité, que je ne pouvais surmonter ni satisfaire, me tint cloué sur ma terrasse à regarder cette scène étrange. Cependant le huitième jour, je remarquai que le *forte immoderato* commençait à se fondre dans l'*andante espressivo*. Epuisées de fatigue, les voix s'adoucirent : il y eut comme une transmigration d'instrumens qui fit passer la trompette dans le cornet à piston ; le trombonne dans le basson, et l'affreuse clarinette dans le hautbois. Mais à part la cadence, toujours franchement et nettement accusée, la discordance était toujours aussi agaçante après qu'avant la transmigration. Durant la seconde semaine, de longs entr'actes suspendaient le spectacle, pendant lesquels les choristes, sans en excepter la veuve et sa sœur, retrempaient leurs forces dans de copieuses libations d'eau-de-vie, et dans la sauce épicée de la daphina. Les pleurs étaient remis à heure fixe. L'heure venue, on se réunissait, on attendait quelque temps les retardataires, et sitôt que les acteurs se trouvaient en nombre suffisant, la veuve reprenant sa toilette funèbre, cendres et charbon, donnait le signal et entonnait la complainte. Elle commençait par des soupirs profonds qui se fondaient peu à peu dans un gémissement traînant et prolongé. Puis quelques larmes isolées tombaient par intervalles, et bientôt elles se suivaient rapidement et s'échappaient par torrens. Les soupirs se changeaient en hurlemens; du *pianissimo* on montait au *fortissimo*; et puis enfin éclatait la terrible explosion qui terminait l'acte.

Cependant, notre situation... (mais j'oubliais de dire que le mort fut enterré) notre situation, empirant de jour en jour, était devenue intolérable. Le nombre des voyageurs, qui arrivaient du sud, allait toujours croissant. On n'osait plus mener les troupeaux au pâturage. Dar-Beida était devenue une arche de Noé, où régnait une chaleur dévorante. L'Océan, terne et silencieux, ne jetait plus aucun souffle sur cet amas infect. Je commençais à rêver de partis extrêmes, lorsqu'un matin, faisant ma promenade habituelle, je trouvai la ville presque déserte. Le kaïd Oudini était parti pendant la nuit, avec une grande caravane, décidé à forcer le passage, au risque d'avoir à livrer bataille. Craignant d'assumer sur lui une responsabilité dangereuse, le kaïd avait jugé prudent de nous laisser, moi, son harem et le trésor pour une occasion plus sûre ; et comme on connaissait mon désespoir et ma résolution de partir à tout prix, ce projet avait été concerté à mon insu.

Saisi d'indignation à cette nouvelle, je menaçai les autorités et Mouléï-Ahmed lui-même de m'enfuir tout seul, si l'on ne m'assurait le moyen de partir le jour même. Un marabout vénéré prit vivement mon parti, et se servit d'un argument qui produisit un grand effet.

— Songez, disait-il au prince, que vous avez à faire à un Français. Si ces feuilles de papier noirci, qui ont la propriété de voler à travers le monde entier, et que les Français répandent chaque jour en si grande quantité, viennent à publier que, depuis deux mois, une poignée de bandits tient notre gouvernement en échec, que va-t-on penser de notre sultan et de nous ?

Mouléï-Ahmed promit de me faire conduire à Rbat, dût-il y employer toute son armée. Mais il me priait d'attendre qu'il eût reçu des nouvelles de la caravane partie la veille. Il fallut y consentir. Ces nouvelles nous parvinrent trois jours après. Des courriers et des hadjis, venus de Rbat, annoncèrent que la caravane y était arrivée sans encombre : eux-mêmes prétendaient n'avoir découvert sur la route aucune trace des Zahires. Cependant une lettre de l'agent consulaire de France à Rbat me recommandait de différer encore mon voyage, et d'attendre un mistik portugais qu'il avait nolisé pour venir me prendre avec mon bagage. Mais ma patience était à bout : je sommai Mouléï-Ahmed de tenir sa promesse. Il s'y soumit à contre-cœur, et détacha de la garnison de Dar-Beïda, pour me servir d'escorte, cent cinquante cavaliers noirs, auxquels devaient se joindre en route les cinquante de la garnison de Fdala.

Les quatre femmes noires du kaid Oudini et les dix mules du fisc devaient profiter du même convoi. Nous avions en outre, pour compagnons d'aventures, un vieux négociant maure de Rbat, propriétaire de quarante chameaux chargés de cire; force marchands de laine, d'huile et de raisins secs, chacun avec un grand nombre de mules, d'ânes et de chameaux; un rabbin de la Terre-Sainte qui venait de recueillir les aumônes de ses coreligionnaires du Sud, et qui, par précaution, m'en confia le dépôt; plusieurs nobles kaïds et grands personnages qui se rendaient à la cour, chacun avec une nombreuse suite; enfin un nombre indéfini de marabouts et de saints; car, au Maroc, la sainteté est un métier fort commun et toujours profitable, en dépit de la concurrence.

Manuelo, tenté par le démon de la spéculation, avait échangé quelques pièces d'or, son revenu d'une année, contre des *chilaba* et des *souhlams* dont il se promettait un gros bénéfice à Rbat ou à Tanger. Son précieux et trop volumineux ballot fut chargé avec mes papiers, mon argent et celui de la Terre-Sainte, sur une excellente mule que devait monter Haïm. Manuelo était bien tenté de se réserver cette monture, pour veiller de plus près sur son ballot; mais la vanité l'emporta en lui sur la prudence. Il craignait, en montant un mule, de déroger et d'être pris pour un juif. A la vérité, le cheval qu'on lui offrait en échange était efflanqué : il avait la peau percée par les os, le poil rongé par le bât, la chair entamée par les courroies de la selle, l'œil larmoyant et la vue faible. « Mais qu'importe! disait judicieusement le superbe Génois, un cheval n'est pas une mule. » Sur ce cheval fut placée la charge la plus légère, les provisions de bouche, les tasses, les cafetières, le tout recouvert d'un mince tapis, siége un peu dur sur lequel notre marin s'orientait avec peine et blasphémait de tout son cœur. De plus, nous avions loué pour porter la tente et ses accessoires, un de ces gros ânes, forts et excellens marcheurs, qui font le service ordinaire de la douane. Enfin Chelimo allait à pied, menant en lesse un poulain de trois ans que j'avais acheté aux environs de Dar-Beïda. C'est dans cet équipage que nous nous mîmes en marche, le quinzième jour d'octobre.

Nous dûmes, comme la première fois, passer la nuit à Fdala, et nous y arrivâmes de bonne heure, avec le dessein de décamper durant la nuit, afin de donner à nos chameaux le moyen de faire, dans le courant de la journée suivante, les dix lieues qui séparent cette station de Rbat. Dès trois heures, la caravane se mettait en marche. Les courriers et tous les piétons, les marchands équipés à la légère, ainsi que les grands personnages de qui j'ai parlé, chacun en tête de sa compagnie, enseigne déployée, s'engagèrent les premiers sur la route. L'encombrement de la porte fit durer plus d'une heure le défilé des chameaux et des autres bêtes de somme. Au centre du convoi se trouvaient placées des femmes à pied, des enfans montés sur des ânes, les chameliers et les muletiers, le négociant de Rbat, qui ne perdait pas un seul instant de vue ses quarante chameaux, et le rabbin de Terre-Sainte, gravement carré sur un gros âne.

Notre bande suivait à quelque distance, précédée par le valeureux Ben-Sebbah, que Mouléï-Ahmed avait spécialement préposé à ma garde. Derrière nous s'avançaient en bon ordre les 150 cavaliers noirs, commandés par un kaïd de premier rang et précédés de l'étendart de Mouléï-Ahmed. Les 50 cavaliers de Fdala formaient l'arrière-garde.

Au point du jour nous passions l'Enfifakh, petite rivière assez dangereuse, parce que, le gué se trouvant à l'embouchure même, les animaux et les hommes qui se laissent surprendre par la marée sont emportés quelquefois jusque dans la mer. Du reste, l'une et l'autre rive offrent une excellente position aux voleurs qui infestent la route. C'est là que les Zahires avaient d'abord établi leur camp. A quelque distance de l'Enfifakh se présente un bois que nous traversons avec circonspection et non sans inquiétude. Au sortir de ce mauvais pas, la gaîté se répand sur tous les visages; au morne silence qui régnait depuis le départ succède un joyeux murmure.

Une heure après, nous défilions sous les murs de Mansouria, vieux château ruiné, situé sur une hauteur, à quelques toises de la mer. Iacoub-el-Mansour le fit bâtir au 12e siècle, pour servir d'asile aux voyageurs et pour protéger la route contre les irruptions des Berbères. Quelques familles de pasteurs campent aujourd'hui dans l'enceinte et tout autour du château. Mais au moment où nous y passâmes, tous les douairs de la province, je l'ai dit, s'étaient portés autour des villes voisines.

A quelques lieues de là, autre mauvais passage ; nouvelles craintes en approchant, nouvelle joie de n'y trouver personne. Tout le monde était persuadé que les Zahires avaient dû rentrer dans leurs repaires. Alors la caravane se débande et s'éparpille. La tête, détachée du corps, s'avance à plus d'une lieue de l'arrière-garde. On siffle, on chante, on s'interpelle à haute voix ; on déjeûne tout en marchant ; de bruyans éclats de rires se mêlent aux cris confus des animaux, qui semblent partager la joie de leurs maîtres ; ce que voyant, la garnison de Fdala, fatiguée sans doute d'attendre vainement une occasion de se signaler, profite du désordre pour rebrousser chemin.

Vers deux heures, la caravane se déployait le long de la mer, sur une plage sablonneuse, terminée devant nous par des dunes, au-delà desquelles le chemin rentre dans la campagne; puis, après avoir couru quelques temps entre des collines arides, il débouche tout à coup dans une grande plaine qui finit à Rbat. Sur notre flanc, le kaïd avait échelonné des éclaireurs, qui suivaient les hauteurs d'où l'on découvre la route, à une très grande distance.

J'avais à peine dépassé les dunes, lorsqu'il me sembla apercevoir, parmi nos éclaireurs, un mouvement insolite. Un moment après, j'en vois quelques-uns ralentir le pas, tandis que d'autres s'élancent au galop vers le kaïd. Aussitôt je pique vers eux, mais Ben-Sebbah lance son cheval après moi, et m'ordonne de ne pas quitter le chemin, ajoutant qu'il se charge lui-même d'aller à la découverte. Il part; et, dès qu'il a atteint la hauteur, nous le voyons arrêter son tarbouche avec un mouchoir, ramener son souhlam derrière le dos, retrousser les manches de sa kamidja, et visiter la platine de son escopette. Le danger était évident. Les chants et les rires sont brusquement interrompus, et l'on n'entend plus que les cris des chameliers et des muletiers aiguillonnant leurs animaux.

Aussitôt la cavalerie quitte les derrières et se déploie sur notre flanc : puis elle s'écarte à notre droite, et paraît vouloir prendre les devans. Le plan du kaïd me semblait bon. « Ils vont, me disais-je, engager l'affaire bien loin de la route, afin de nous donner le temps de dépasser le lieu du danger ; et puis, fussent-ils repoussés et contraints de battre en retraite, ils se replieront sur nous, et réussiront toujours à couvrir nos derrières. » Or, le plan du kaïd était bien plus sûr que je ne l'imaginais.

Nous faisons encore quelques centaines de pas, et nous découvrons aussitôt, sur un monticule peu éloigné, une troupe de 60 à 80 Maures, vêtus de chilaba en lambeaux qu'une corde de poil de chèvre serrait autour de leurs reins. Ils étaient armés d'escopettes et de grands couteaux, et environnés d'une huitaine d'énormes chiens qu'ils semblaient retenir avec peine. C'étaient bien les Zahires; ils s'étaient arrêtés, les uns à pied, les autres à cheval, pour observer la tactique de notre kaïd et pour viser au point le plus avantageux à l'attaque.

La troupe de courriers et de marchands, qui précédait

la caravane, n'ayant pas rétrogradé, nous dûmes penser qu'ils avaient obtenu le libre passage; à quelles conditions? nous l'avons su plus tard. Ces traîtres, de qui l'apparence, il faut le dire, était d'ailleurs peu séduisante aux yeux de bandits réduits à faire un choix, devaient leur salut à leurs dénonciations. Au signalement des personnes les plus marquantes, à la désignation des animaux le plus richement chargés, ils avaient ajouté une foule de renseignemens vrais ou imaginaires sur le chrétien, sur sa suite et ses richesses; si bien qu'indifférens à tout le reste, les Zahires réservaient leurs coups au chrétien, au harem du kaïd Oudini, aux mules du fisc, et aux chameaux portant la cire. Mais c'est surtout à la capture du chrétien qu'ils attachaient le plus de prix; ils le considéraient comme un ôtage pris au sultan, un ôtage dont la restitution leur tiendrait lieu de tribut, et leur ferait obtenir une capitulation avantageuse, ou bien dont la mort les vengerait, s'ils éprouvaient un échec..... Aussi, près de jeter le filet sur cette proie inespérée, la fougue naturelle des Zahires se pliait-elle à toutes les précautions de la prudence.

Mon chapeau de paille, mon costume européen, et mon cheval gris pommelé, parfaitement connu de tous les Maures, depuis Mazaghan jusqu'à Tanger, me mettaient en évidence et me faisaient distinguer de fort loin. Sitôt que je suis reconnu, l'ennemi commence à descendre à pas lents vers la route, précédé par ses chiens. A cette vue, la caravane s'arrête, et puis recule. Les premiers chameaux s'acculent sur les suivans, ceux-ci sur les mules, les mules sur les ânes, les ânes sur les piétons. La confusion est partout. Les femmes et les enfans se prennent à crier, puis ce sont les chameliers et les muletiers, et puis c'est tout le monde. Les cent cinquante cavaliers, en qui reposait l'espoir commun, et qui seuls étaient armés, piquent leurs chevaux, déchargent en l'air leurs escopettes, traversent au galop l'intervalle qui nous sépare des bandits, et prennent la fuite dans la direction de Rbat. La caravane, en se voyant abandonnée, pousse d'horribles vociférations. De leur côté, les Zahires, n'ayant plus à craindre que leur proie leur échappe, se précipitent sur elle en hurlant de joie, c'était un vacarme indicible.

Dans ce moment, le reflux des mules et des chameaux arrive jusqu'à moi : mon cheval, violemment heurté, se cabre et son brusque mouvement enlève à la fois mes lunettes et mon chapeau. Autour de moi, tout est devenu chaos. Impossible de distinguer les ennemis des amis, impossible de reconnaître, au milieu de la mêlée, la direction dans laquelle il faut chercher à s'échapper. Tout à coup, je me sens envelopper d'une étoffe épaisse, qui vient je ne saisd 'où : c'était mon souhlam, qu'avec une admirable présence d'esprit, Chelimo venait de jeter sur moi, pour cacher mon costume. Ce long manteau blanc, qui tombait jusqu'à mes pieds, couvrait ma selle et toute la croupe de mon cheval. Avec ce costume, avec ma tête nue, ma chevelure flottante et mon teint brûlé par le soleil, je ressemblais assez bien à un marabout; car le marabout a toujours une tournure excentrique; et il n'en manquait pas parmi nous... Grâce à ce déguisement, je pouvais espérer de passer inaperçu; mais encore fallait-il savoir de quel côté me diriger. Je voulus demander quelques renseignemens à Chelimo; il s'était abimé dans la mêlée. Manuelo, Ben-Sebbah, Haïm, personne ne paraissait. Dans l'incertitude du parti qu'il faut prendre, je m'arrête...

Voilà l'action engagée. Les chiens se jettent sur les animaux chargés, et leur coupent la retraite. Les chameliers et les muletiers espèrent sauver les bêtes qui leur appartiennent, en sacrifiant les marchandises qui ne leur appartiennent pas; ils coupent les courroies, et répandent les ballots sur le chemin. Ainsi allégées, quelques mules parviennent à fuir ; mais les chameaux ne peuvent forcer le blocus.

Cependant les Zahires montrent à l'œuvre une activité et une dextérité merveilleuses. Garotter les voyageurs qui résistent, diriger vers le camp les mules du fisc avec trois des négresses d'Oudini, coucher par terre et lier les chameaux chargés de cire, en attendant la fin, tout cela fut l'affaire d'un moment. Les prisonniers sont dépouillés de leurs vêtemens jusqu'à la chemise; on ne laisse pas même aux femmes ce dernier abri de la pudeur désolée. Il est vrai que la plupart n'en avaient pas (je parle de la chemise). Quelques-unes se débattent des ongles et des dents pour sauver l'âne patrimonial, ou pour dérober quelques paquets au pillage ; on les disperse à coups de crosse. Un seul objet encore manque sur l'inventaire, c'est le chrétien. « Où est le chrétien ? — Grasse et honnête récompense à qui retrouvera le chrétien ! » Tel est le cri qui domine maintenant tous les autres. Le chrétien, qui a entendu, sent bien que le moment est venu de prendre une résolution. Fuir est le seul parti qui lui reste. Mais fuir de quel côté? J'allais m'abandonner au hasard, lorsqu'un Zahire me reconnaît. Il s'élance sur moi la bayonnette en avant, et, l'œil en feu, la bouche écumante, le bras menaçant, il me crie : *Karran! dji maïa.*

Le mot *dji maïa*, signifie suis-moi ; quant au *karran*, je laisse aux Orientalistes l'avantage de le comprendre ; à Molière et à Paul de Kock le privilége de l'écrire. Je me bornerai seulement à constater l'analogie radicale de l'arabe *karran* avec le grec *keratos* dont la racine est *kera*, d'où le latin *cornu*, l'espagnol *cuerno*, le français *corne* et puis encore *cerf*, et probablement aussi l'anglais *Horn* (aspirez fortement l'H).

D'abord tel fut mon étourdissement, que le mot de *karran* me préoccupa bien plus que le sauvage qui l'avait proféré. Mais, plus intelligent que moi, mon cheval, voyant arriver sur lui le cheval du Zahire, et se sentant comme piqué lui-même par le fer qui venait d'effleurer ma poitrine, mon cheval se cabre, fait un bond sublime, passe sur le poney du Zahire, et, guidé par son instinct, prend la fuite dans la direction qu'ont suivie les chevaux des noirs. Avant que mon agresseur ait le temps de se reconnaître et de donner l'alarme, j'ai franchi un espace que tous les Zahires lancés à ma poursuite ne peuvent plus regagner. Mon cheval (dont la réputation est du reste encore bien connue au Maroc) volait comme celui de la ballade allemande. Sans lui, je ne sais pas assurément s'il me serait permis aujourd'hui de raconter mon aventure. J'ai oublié de dire que pour toute arme, je n'avais qu'une cravache à poignard.

J'avais galopé un quart-d'heure, lorsque je rencontrai dans la plaine notre escadron de noirs, qui s'était arrêté pour attendre l'issue de l'événement, et pour recueillir les débris de la caravane. Quelques-uns, chose inouïe! étaient encore en proie à une telle épouvante, qu'ils déchiraient leurs joues des deux mains, à peu près comme mes pleureuses de Dar-Beida. Je ne pouvais pas en croire mes yeux; car je savais que ces soldats sont braves en présence d'un ennemi ordinaire. Mais pour eux, les *Zahires* ne sont pas des hommes; ce sont de vrais démons : « O Karrans, m'écriai-je à mon tour, dans mon exaltation épique, vous reculez, vous, soldats du sultan! Vous, cent cinquante contre une poignée de *Sbantout*, vous laissez sans défense des femmes et des enfans de la même race que vous!

— « Nous sommes nés dans le désert, » me dit l'un d'eux. Un autre se contenta de me montrer sa bourse vide, et son escopette qu'un léger choc avait brisée en deux, et je compris bien ce langage symbolique. Aussi quand ils m'offrirent de demeurer auprès d'eux, je piquai mon cheval et poursuivis seul ma route. Puis une idée me vint qui m'arrêta subitement. « Et mon pauvre Manuelo, lui, chrétien comme moi, si on l'avait pris pour moi-même, s'il allait subir le sort qui n'était réservé qu'à moi? » A cette idée, ma fuite me parut une lâcheté. Je tourne bride aussitôt : et tout-à-coup, j'aperçois au loin un paquet blanc de forme cônique, juché sur un cheval blanc, qui accourait au galop. Ce paquet venait à moi, et il semblait qu'il criait et m'appelait : c'était lui, c'était Manuelo. Lui aussi s'était enveloppé dans un immense souhlam, ramassé je ne sais où, et dont le capuchon rabattu laissait à peine entrevoir ses yeux. Il s'était armé à Fdala d'un éperon moresque, qu'il portait, non pas au pied, mais à la main, et avec cet instrument pinçant et poignant il travaillait frénétiquement la croupe et le cou de sa monture apocalyptique.

Le cheval, couvert de plaies, le poitrail ruisselant de sueur et de sang, tirait la langue et râlait. Le cavalier, la main sanglante et la face écarlate, se trémoussait et blasphémait : et les cafetières, les tasses, les cuillers, les verres brisés, cahotés dans les paniers, faisaient à ses cris un burlesque accompagnement.

— Eh bien! Manuelo, quelles nouvelles des nôtres?

— Ben-Sebbah, me dit-il, se démène comme un lion, seul contre tous. Il est grièvement blessé. Chelimo, dans son effroi, a lâché la bride au poulain, qui s'est échappé au galop. Je ne sais dans quelle intention Haïm et l'ânier ont jeté leur charge. *Scelarato traditore!* mes chilaba, mes haïks, ma sueur de toute une année, vos papiers, votre argent, tout est perdu! Voyez-vous, Monsieur, j'aurais préféré la plus terrible bourrasque de *sirocco* à cette promenade à cheval. J'aimerais mieux un roulis éternel, que ce mélange de trot et de galop qui me déchire les entrailles. Je vous disais bien que la mer vaut mieux que les paysages arabes. » Et tout en prononçant ce discours, le malheureux cavalier disloqué, frappait toujours le malheureux cheval encore plus disloqué.

Au même instant, un autre cavalier fantastique apparait à notre droite ; c'est Haïm, monté sur sa mule ; la mule au galop, haletante; Haïm pâle, livide comme un cadavre, l'œil hagard, et agitant machinalement ses bras pour exciter la bête. Il ne voyait plus ; il n'entendait plus. J'eus beau l'appeler; Manuelo eut beau lui demander compte de ses chilaba; Haïm allait, allait toujours. Il ne s'arrêta qu'à Rbat.

Per baccho! s'écria Manuelo, quand la mule eut pris les devans, la charge paraît intacte ; j'ai pourtant bien vu le drôle couper les cordes, et jeter mon ballot; me serais-je trompé? Il ne s'était pas trompé, mais Ben-Sebbab, qui ne nous avait pas perdus de vue, avait remarqué l'expédient de l'infidèle cuisinier, et profitant du moment où les Zahires s'étaient mis en masse à ma poursuite, il avait forcé Haïm à recharger la mule et protégé sa retraite.

Cependant nous n'étions pas encore au terme de nos tribulations. Le soleil déclinait rapidement, et nous n'apercevions pas encore la haute tour de Hassan, que l'on découvre à la distance de deux ou trois lieues. Séparés de tous nos compagnons de voyage, et ne connaissant pas la route, nous avions pris le parti de côtoyer la mer jusqu'à Rbat, sûr moyen d'arriver, mais non pas d'arriver avant la nuit.

Un Maure survient. C'était un pêcheur de Rbat. « Quoi! s'écrie-t-il en nous voyant, deux chrétiens, à pareille heure, sur les terres des Zahires! » Il ne pouvait en croire ses yeux.

— Les Zahires, lui dis-je, sont maintenant bien loin derrière nous.

— Maintenant les Zahires sont partout, reprit le Maure; ils viennent enlever les troupeaux jusqu'aux portes de Rbat. La nuit dernière ils ont forcé la première enceinte, et saccagé les jardins. Et tenez, ajouta-t-il un moment après, qu'aperçois-je là-bas? C'est un nuage de poussière. Il s'avance vers nous. Oui, je ne me trompe pas; c'est assurément un de leurs partis. Malheureux! je vous plains!

—*Siamo fritti*, s'écria Manuelo; de Charybde en Scylla! mourir à force de galoper sur cette rosse, ou mourir sous les coups de ces bandits; j'aime mieux me noyer, la mer sera plus douce : je me jette à la mer.

— Décidément, poursuivit le Maure avec un air impassible, le nuage accourt à nous. On nous a aperçus. Et, en effet, le nuage arrivait rapidement. Cernés de toutes parts, acculés contre la mer, je vis bien que tout espoir de salut était perdu pour nous; mais comme il eût été aussi inutile de s'arrêter que de rebrousser chemin, je fis presser le pas, et bientôt le nuage vint crever près de nous. Il en sortit une vingtaine de cavaliers lancés au galop, et armés jusqu'aux dents. Mais ils n'étaient pas Zahires. C'était un escadron que le kaïd de Rbat envoyait à mon secours.

Arrivés de bonne heure à la ville, les courriers qui nous précédaient avaient répandu la nouvelle de notre mésaventure. On me croyait pris, et peut-être mis en pièces. Un pareil événement eût gravement compromis le kaïd de Rbat, qui le considérait comme une source d'embarras politiques pour le sultan son maître. Aussi, vivement ému du danger que nous courions tous deux, s'empressa-t-il de mettre sur pied toute la garnison de la ville, et au fur et à mesure que les escadrons se formaient il les lançait à ma rencontre. Cependant la population, saisie d'effroi, s'était portée en masse aux portes de la ville.

Quand le soir, nous parûmes en vue du rempart, un grand cri s'éleva de la foule. Je le pris pour une acclamation de joie : c'était un cri de rage et de malédiction. Tous les musulmans et les juifs, qui composaient la caravane, au nombre de quatre cents, dépouillés, mis à nu, blessés, errant dans la campagne comme des fantômes chassés du tombeau, et le chrétien sauvé seul, avec sa suite et avec tout son bagage! Ce miracle du hasard faisait frémir d'indignation les fanatiques et leur arrachait d'atroces imprécations ; je faillis d'être lapidé. L'exaspération fut au comble quand mon cheval, sentant l'approche du logis, se mit à caracoler dans les rues, dressant fièrement la tête, l'œil en feu, les naseaux fumant, et battant joyeusement le pavé qu'il mouillait de sa sueur. Les imprécations de la foule nous suivirent jusqu'au seuil de mon domicile. Je trouvai chez moi le consul de France, et un lieutenant du kâïd, que ma vue délivra d'une horrible anxiété. Mais les nouvelles qu'ils me donnèrent, n'étaient pas propres à faire cesser mon inquiétude, mes ennuis.

La puissante tribu des Beni-Hacen, qui occupe les terres voisines de Salé, venait de se déclarer en pleine révolte, et tous les chemins de Salé à Fès, à El-Kasr et à El-Araiche, se trouvaient interceptés. Si cette nouvelle parvenait aux Zahires, on craignait qu'ils ne tentassent un coup de main sur Rbat. Enfin, des bruits plus sinistres encore circulaient tout bas, et répandaient une sourde agitation dans la ville. On disait que la population de Fès s'était soulevée contre Mouleï-Abd-er-

Rahman, et voulait ouvrir ses portes à Abd-el-Kader. On s'attendait à une conflagration générale. Le Conseil des Quarante de Rbat, qui, en temps de révolution, se constitue gouvernement provisoire, s'était, disait-on, réuni déjà en assemblée secrète.

Au lieu de poursuivre jusqu'à Tanger, il fallut donc m'arrêter à Rbat, en attendant l'issue des événemens.

IV.

RBAT ET SALÉ.

Quand on arrive par mer à l'embouchure du Bou-Regreg, on voit sortir des flots un tableau magnifique. A l'horizon, la haute tour de Sidi-Hassan, aperçue de fort loin, au milieu de la brume, apparaît à l'imagination exaltée des marins, comme un corsaire géant qui marche sur les vagues; et, jusqu'à la fin du siècle dernier, les navires marchands fuyaient devant cette apparition menaçante, aussi tremblans qu'à la vue du cap des Tempêtes. Peu à peu le piédestal sur lequel est assis l'antique édifice, se relève, s'étend et se découpe sur l'horizon. Alors, au pied et de chaque côté de la tour, on dirait voir deux grands bouquets de minarets, de flèches, de tourelles et de palmiers, s'épanouir au milieu de deux immenses vases rougeâtres, posés au bord de l'Océan, et entre lesquels des vagues passent et repassent, se choquent, grondent et jettent au ciel un nuage d'écume.

Ces vagues sont celles du Bou-Regreg, qui lutte en débouchant contre la marée; ces deux vases gigantesques sont les remparts de Rbat et de Salé, situés l'un en face de l'autre sur l'embouchure même de la rivière. Insensiblement on voit les coupoles et les minarets se détacher, les tourelles se projeter en avant et au-dessus du rempart quelles soutiennent de distance en distance; la dentelure des créneaux et le feuillage des palmiers se découpent et s'éclairent; et les tons gris et rougeâtres du tableau se fondent en une infinité de nuances. Et cependant Sidi-Hassan grandit, grandit toujours.

Bientôt, à gauche, du côté de Salé, se déploie une immense plaine, semée de figuiers, d'oliviers et de mûriers, et sillonnée par des haies vives d'aloès et de cactus, au milieu desquelles apparaissent çà et là de blancs tombeaux, à demi cachés dans des touffes d'arbres, et des ruines grisâtres, éparses dans la verdure.

A droite, du côté de Rbat, s'étend en amphithéâtre, à partir du rivage, un grand cimetière, froide végétation de pierres côniques, inclinées comme par la tempête, et parmi lesquelles des marabouts nouvellement construits dressent leurs dômes éclatans de blancheur, à côté d'antiques chapelles qui tombent en ruines.

A quelques centaines de toises de son embouchure, le Bou-Regreg fait un coude et se détourne brusquement à droite. Aussi, vu de la ville au moment de l'afflux, ressemble-t-il à un grand bassin entièrement fermé par les édifices de Rbat, par les murailles de Salé, et par la batterie de Chella, mystérieuse nécropole, assise tout au fond, au milieu de sombres jardins qui la dérobent entièrement aux regards.

A mesure que la marée va baissant, elle laisse à nu, devant Salé, une grande plage sablonneuse, et du côté de Rbat, un lit de rochers, ondulé comme les eaux qui l'ont creusé. La rive escarpée découvre peu à peu les *poudingues* siliceux dont elle est formée, et enfin les énormes blocs que les vagues ont détachés et amoncelés à sa base. Ainsi la rivière se trouve insensiblement, au moment du reflux, réduite à la largeur d'un ruisseau : mais elle est toujours trop profonde pour être passée à gué. On y voit une centaine de barques, occupées, du matin au soir, au transport des marchandises et des voyageurs, dont l'affluence est continuelle.

Obligés autrefois à résider dans cette ville, les représentans des puissances européennes avaient tous bâti leurs résidences sur la rivière, probablement parce que c'était le seul côté où ils pussent prendre l'air et le jour, sans troubler les mystères domestiques de leurs voisins Musulmans. Aussi, vu de la rivière, Rbat présente-t-il l'aspect d'une ville européenne.

L'habitation qui m'avait été préparée était un de ces anciens édifices de style portugais, qu'on avait nouvellement restauré pour moi ; vaste palais où je suis demeuré captif pendant huit mois, et où je serais mort de tristesse, si je n'avais pu, du haut des croisées et de la terrasse, contempler, du matin au soir, un spectacle dont mes yeux ne pouvaient se rassasier, malgré sa monotonie et peut-être même à cause de son imposante monotonie. Quels levers et quels couchers de soleil ! quels horizons magnifiques! quelle richesse de tons! quel ciel admirable, soit que les rayons méridiens du soleil tombent sur le paysage comme une pluie d'or vaporeuse, soit qu'un orage le traverse en vomissant la foudre, soit que, le matin ou le soir, une brume épaisse le voile, durant quelques heures, comme un rideau qui sépare la féerie du jour de la féerie de la nuit !

Quand le reflux coïncidait avec le lever du soleil, j'étais réveillé par les cris des goëlands, des bécassines, des pluviers et des canards, qui prenaient leurs ébats sur la plage. Ces cris étaient mêlés au hennissement des chevaux que les *Saïs* baignaient dans la rivière, tout en se baignant eux-mêmes, aux bruits sourds des tanneurs, battant leurs peaux sur les rochers, et aux perçans éclats de voix des femmes maures qui lavaient leurs haïcks et leurs tapis. Bientôt commençaient le va et vient des gros ânes de la douane, occupés au chargement et au déchargement des navires ; les vociférations des portefaix juifs et des bateliers maures, harcelés par le capitaine du port ; et, dominante au milieu de cette rumeur, la voix glapissante du peseur juif qui proclamait les pesées.

Gravement assis sur un banc de pierre recouvert d'une

natte, les trois administrateurs de la douane, et leurs écrivains, drapés dans leurs haïcks parfumés, présidaient à ce mouvement commercial. Tout près des grands magasins voûtés de la douane, j'apercevais le chantier naval d'où sont sorties, de siècle en siècle, les flottilles des sultans; emplacement presque désert aujourd'hui, où le génie marocain n'enfante plus, à grand'peine, et à de longs intervalles, que de graves chaloupes destinées au transport des caravanes sur la rivière.

Le chantier naval est adossé contre la citadelle qui défend la barre : au centre de la citadelle s'élève un tertre couvert d'arbres et de cabanes, où sont rélégués aujourd'hui quelques débris de la milice des Oudaïa, licenciée par Mouléï-Abd-er-Rahman, au commencement de son règne. Ces Oudaïa, dont le joug était aussi redoutable, aussi cruel, aussi détesté que celui des janissaires de Constantinople ou des mamelouks d'Egypte, ont expié moins durement leur tyrannie. Mouléï-Abd-er-Rahman s'est contenté de disperser leurs tribus par tout l'empire.

La citadelle s'ouvre sur une grande place ornée d'une fontaine, où se tient deux fois par semaine le *souk* ou marché des laines et des cuirs. Ce souk s'élève par une pente douce, jusqu'au sommet d'une hauteur dont le versant opposé, qui regarde la mer, porte le cimetière dont j'ai déjà parlé. Ainsi, du haut de ma terrasse, j'avais tantôt le spectacle du marché, tantôt celui des pompes religieuses.

En tournant le dos à la rivière, je découvrais une partie de la principale rue de Rbât, bordée de magasins, de boutiques, d'échoppes et d'ateliers de fileurs de soie, de teinturiers, de forgerons et de fabricans de nattes. Une mosquée et deux khans ou fondouks font les principaux ornemens de cette rue. La mosquée, de médiocre grandeur, n'offre rien de remarquable; mais les khans sont vastes, et ne se trouvent surpassés que par ceux de Meknès et de Fès. Du reste, par tout le Maroc, les khans sont tous bâtis sur le même modèle, et ne présentent quelque différence que dans les proportions et dans la richesse des ornemens. Une cour carrée, autour de laquelle règne une galerie à deux étages; à l'étage supérieur, les boutiques d'objets manufacturés, et au-dessous, les magasins de marchandises brutes et les écuries. Les galeries livrées à la circulation des acheteurs et des curieux; la cour abandonnée aux bêtes de somme qui partent ou qui arrivent : c'est en définitive le plan du Palais-Royal, réduit et approprié à la civilisation moresque. Le long de ces galeries, sous les voûtes de la mosquée, autour des boutiques et des échoppes se presse et bourdonne incessamment une multitude d'hommes de toutes les provinces, de toutes les races, aux physionomies différentes, comme les costumes et comme les mœurs.

Quand on arrive au Maroc avec l'imagination préoccupée des souvenirs des Mille et une Nuits ou des Romanceros, on s'expose à un fâcheux désappointement. Il n'en est pas des villes de l'Afrique comme de Constantinople, du Caire ou de Bagdad, où, si l'on ne retrouve pas les héros du roman, la décoration du moins est restée. En Orient, l'aspect de ces mosquées, de ces bazars, de ces fontaines, de ces cafés, de ces rues étroites et couvertes, produit parfois une illusion si vive, que l'on se croirait transporté tout à coup au temps d'Aroun-er-Rachid et d'Ali-Baba; mais au Maroc, on ne retrouve aucun vestige de ces merveilles de l'antiquité moresque. Fès est la seule ville qui offre encore quelques traces de la grandeur éteinte des Maures, et les ruines éparses dans Fès racontent même ce passé avec bien moins d'éloquence et de charme que celles dont l'Espagne est encore couverte.

Aussi la grande rue de Rbat n'était-elle pas, dans mon tableau, la partie qui m'intéressait le plus vivement, et je l'abandonnais volontiers pour revenir à ma croisée. Je me tournais à droite, et je contemplais Sidi-Hassan ; je cherchais à deviner, à travers les bosquets parfumés de Chella, qui produisent le miel le plus doux de l'Afrique, l'architecture singulière de cette nécropole qu'aucun œil juif ou chrétien n'a jamais profanée. Je pénétrais en imagination sous ses voûtes sombres et fraîches, et m'arrêtais devant les trente-deux tombeaux de sultans, que les siècles ont groupés autour du mausolée de Iacoub-el-Mansour ; puis je revenais à la rivière, au moment de la marée haute, et je passais de longues heures à regarder ce mouvement incessant de voyageurs débouchant de la porte de Rbat, traversant le Bou-Regreg, et défilant ensuite sous le rempart de Salé.

Dans ces scènes d'embarquement et de débarquement, que de singularités caractéristiques ! quelles attitudes ! quelle pantomime ! quels cris et souvent quels épisodes comiques. Si près que le bateau s'approche de la rive, comme il n'y a pas de quai, les animaux plongés dans l'eau ou dans la vase, ont à faire, pour y entrer, un bond difficile et périlleux.

Pour les aider, on commence donc par les décharger, et les bagages sont avant tout entassés confusément sur l'avant et sur l'arrière du bateau. Alors arrivent en première ligne les chameaux; voyageurs expérimentés, on les voit s'avancer impassibles, et, dandinant négligemment la tête, se laisser, sans sourciller, embarquer membre à membre. Les mules et les chevaux suivent de près. Entre eux, ceux qui ont quelque expérience, s'élancent avec dextérité et n'ont à craindre que la glissade finale, sur le fond mouvant et mouillé de la barque. Quant aux novices, ce n'est qu'à force de cris, de coups et d'efforts incroyables qu'on parvient à les embarquer, au risque de leur casser les jambes, ce qui est d'autant plus aisé que l'animal épouvanté oppose à tous les efforts une inertie absolue. Enfin arrive le tour des ânes, assez malheureux quelquefois pour que le bord du bateau dépasse un peu leurs oreilles : « Rah, sidi, rah ; iallah, sidi, iallah ! » Allons, Monsieur, allons! crient en même temps et de tous côtés les bateliers, le propriétaire du patient et l'assistance entière : « Du courage, Monsieur, du courage ! » Quelquefois exalté par ces encouragemens civils, le Monsieur fait un bond sublime et parvient à s'insinuer parmi ses grands compagnons de voyage. Mais le plus souvent ahuri, effrayé par ce vacarme, le Monsieur, faute de courage ou de force, résiste à la provocation. Alors le batelier le prend par les oreilles et le maître par la queue, ou bien tous deux, croisant leurs bras, soulèvent le train de derrière, pendant qu'un tiers officieux s'empare des pieds de devant ; après quoi on le hisse joliment sur le bord du bateau, d'où on le laisse retomber lourdement. Enfin, grâce à des efforts inouis, la barque surchargée se livre au courant ; et, après un trajet long et pénible, elle parvient, en dérivant, sur le bord opposé, où le débarquement suscite, aux pauvres animaux qui n'ont pas le pied marin, de nouvelles tribulations. Aussi que d'écorchures, que de membres déchirés ou cassés, et que de temps perdu ! Si l'on songe que le voyageur, qui se rend de Mogador à Tanger, trouve sur la route sept et quelquefois huit rivières à passer de cette manière, on peut se figurer ses angoisses.

Tels étaient les points de vue et les scènes qui, à gauche, à droite et à mes pieds, formaient le tour du tableau, dont Salé occupait le centre et terminait la perspective.

Salé, mollement étendu sur le sable, au milieu de ses

jardins de cotonniers et d'arbres fruitiers que d'abondantes sources fertilisent ; Salé, avec son aqueduc romain, ses remparts castillans, ses mosquées et ses bains mauresques, m'apparaissait comme un souvenir vivant des époques les plus mémorables de l'antiquité et du moyen-âge. Bâtie par les Carthaginois, qui en jetèrent les fondemens dans une de leurs courses merveilleuses ; enlevée aux Carthaginois par les Romains, aux Romains par les Goths ; prise plus tard et reprise tour à tour par les Castillans et par les Sarrasins ; populeuse, riche et florissante sous toutes les dominations ; passant de l'une à l'autre par des transitions d'anarchie qui finirent par lui donner, avec l'amour de la liberté, le moyen de la conquérir ; puis sourdement minée par les dissentions intestines et par ses querelles avec Rbat, et enfin tombée d'épuisement au pouvoir des sultans de Maroc, Salé est comme un livre de pierre, sur lequel se déroule l'histoire de l'Afrique, à partir des temps les plus reculés.

L'origine de Rbat ne remonte pas aussi haut, et cependant elle est plus incertaine : il paraît probable, selon l'opinion générale, et à en juger par l'étymologie de son nom actuel, qui signifie en arabe, *entrave*, que Rbat ne fut d'abord qu'une prairie où les habitans de Salé attachaient et faisaient paître leurs chevaux. Aux cabanes des pasteurs, se seront mêlées les villas des seigneurs salétins ; plus tard, les mosquées, les fortifications et les khans fondés par le kalife Iacoub-el-Mansour, auront fait de la prairie une ville. Ce qui est positif, c'est que Iacoub-le-Victorieux voulait établir à Rbat et à Salé la capitale de son empire.

Certes, à la fin du onzième siècle, à une époque où la marche envahissante des Maures s'était portée à travers la Méditerranée et la Péninsule jusqu'aux Pyrénées, et où les clés du détroit se trouvaient entre les mains des sultans du Maroc, ce projet était une idée de génie, car il paraissait impossible de trouver une position plus appropriée que celle de ces deux villes au système d'unité dans lequel le Charlemagne de l'Afrique travaillait à relier les races diverses et les tribus ennemies qui se disputaient cet immense territoire. Un coup-d'œil jeté sur le pays, du haut de la tour de Sidi-Hassan, suffit pour faire comprendre la pensée de Iacoub.

La dilatation de l'Atlas, d'une part, et de l'autre, l'échancrure de la côte, produisent, à l'embouchure du Bou-Regreg un étranglement dont Rbat et Salé couvrent presque toute la surface, et que le Bou-Regreg coupe perpendiculairement à la côte. Les collines, qui terminent l'Atlas sur ce point, s'étendent presqu'aux murs de Rbat, et le passage, embarrassé déjà par les accidens de terrain, se trouve, au-delà de la ville, intercepté de temps immémorial par de farouches Berbères, qu'aucune puissance n'a jamais pu dompter.

Il résulte de là que la seule route qui mette en communication le nord avec le sud de l'empire, doit nécessairement franchir le Bou-Regreg, sous le canon de Rbat et de Salé.

Cette position unique, qui a fait de ces deux villes les clés de Fès et de Maroc, explique l'importance du rôle qu'elles ont joué de tout temps, importance que Iacoub avait justement appréciée. Indépendantes, elles rendaient matériellement impossible la réunion des royaumes de Fès et de Maroc, et dans le long antagonisme de peuples et de dynasties, dont les phases remplissent l'histoire de l'Afrique septentrionale jusqu'au siècle dernier, on les vit en effet rendre la victoire incertaine, et faire pencher la balance à leur gré, tantôt en faveur de Fès, tantôt en faveur de Maroc.

L'occupation de ces deux villes, réunies et définitivement soumises à un pouvoir central, devenait, pour ce pouvoir, la condition essentielle d'existence et de prospérité. C'est par elles que la vie politique et commerciale devait passer d'un royaume à l'autre; elles étaient comme le canal artériel de l'empire. Mais Iacoub voulait plus : il voulait qu'elles en devinssent le cœur. Tout autre plan paraissait devoir susciter des obstacles sérieux à l'unité qu'il s'efforçait de consolider après l'avoir établie.

Résider exclusivement dans l'une des anciennes capitales, Fès ou Maroc, c'était exciter la jalousie et les plaintes de celui des deux peuples à qui l'autre était préféré; c'était semer entre eux la discorde. Résider alternativement dans l'une et dans l'autre, c'était, en définitive, perpétuer la division qu'il importait d'effacer complètement. Dans tous les cas, l'occupation de Rbat ou de Salé par une puissance ennemie ou par un parti rebelle, pouvait, d'un moment à l'autre, compromettre l'existence de l'empire, en suspendant la circulation politique.

Ce danger paraissait d'autant plus grave, que l'unité politique, fondée sur des intérêts tout nouveaux et encore accidentels, se trouvait combattue et sans cesse menacée par des intérêts permanens de races, de mœurs, de langage, et même de religion, source d'inimitié entre les tribus du Sud et celles du Nord, source profonde qu'une administration sage et toujours heureuse pouvait seule espérer tarir et combler à la longue.

Il semblait donc qu'en concentrant toutes ses forces à Rbat et à Salé, le gouvernement impérial pourrait prévenir tous ces dangers et opérer plus aisément la fusion des deux royaumes.

Par l'occupation de Rbat, premier anneau d'une chaine de forteresses qui devait s'étendre tout le long de la route jusqu'à Maroc, il contenait les populations du sud, arrêtait le torrent berbère, toujours prêt à faire irruption dans les plaines d'Anfâ, surveillait la frontière du désert, et pouvait, au premier signal de révolte, jeter, en cinq ou six jours, une armée dans Maroc. L'occupation de Salé lui donnait les mêmes avantages sur les provinces du nord. La citadelle de Mamôra, assise dans une position imprenable, sur l'embouchure du Sbou, distante seulement de six à sept lieues de celle du Bou-Regreg, le rendait maître du cours de ce fleuve, qui alors était navigable jusqu'à Fès. Par là il pouvait encore, en quatre jours, concentrer ses forces sur Fès ou sur Meknès, et couvrir la frontière de l'est.

Dans la formation de ce plan, les prévisions de Iacoub s'étendaient encore aux intérêts de ses possessions d'Espagne, et aux dangers constamment suscités contre elles par l'hostilité de l'Europe chrétienne. A ce point de vue, la position centrale et maritime de Rbat et de Salé convenait à toutes les éventualités d'une guerre étrangère.

Les bouches du Bou-Regreg et du Sbou jetaient incessamment à l'Océan ces redoutables flottilles, moins fortes encore de leur valeur réelle que du voisinage des côtes, ces flottilles qui rendaient inabordables le littoral de l'Afrique et celui de la Péninsule. La grande forêt de Temesna, située à une journée et demie de marche de Rbat, l'antique et immense forêt de Mamôra, qui commence à deux lieues de Salé, fournissaient à ses chantiers des bois que l'Angleterre et la Suède envient encore au Maroc.

Tout concourait ainsi à l'heureuse réalisation du projet de Iacoub, et pourtant ce projet, qu'il n'eut pas lui-même le temps d'exécuter, ses successeurs l'ont abandonné. Ils ont laissé à Maroc et à Fès leur titre et leurs priviléges de capitale, et se sont résignés à l'obligation d'y résider alternativement. C'est que la mort de Iacoub, en changeant les destinées de l'empire, devait changer aussi la politique des sultans.

Les Maures, chassés de l'Espagne, poursuivis et battus jusque sur leur territoire, dépouillés de toutes leurs villes maritimes, à l'exception de Rbat et de Salé, pressés de toutes parts dans un blocus qui menaçait d'étouffer leur puissance, les Maures ont assez fait de triompher à la longue de ce blocus. Mais, en leur abandonnant l'Afrique, la chrétienté les y laissait dans un état d'épuisement et de dégradation qui devait empirer de siècle en siècle. Loin de pouvoir prétendre à de nouvelles conquêtes, l'islamisme, en Afrique comme partout, ne dut plus songer qu'à se conserver et à se défendre. Ses ressorts distendus ne fonctionnaient plus au profit d'un principe général et d'intérêts communs.

Dissidence de sectes, antipathie de vues et de mœurs, opposition d'intérêts locaux, mauvaise administration, tout concourait à faire revivre l'anarchie primitive. Le désert et l'Atlas s'étendaient autour de l'autorité des sultans, comme une double barrière désormais infranchissable. Des provinces entières, détachées peu à peu des extrémités méridionale et orientale, s'érigeaient en royaumes indépendans. Fès et Maroc revenaient à leur antagonisme. Les irruptions des Berbères commençaient plus audacieuses et plus fréquentes que jamais. La révolte et les dissentions intestines éclataient tour-à-tour sur tous les points du territoire.

La vie politique, refoulée ainsi des extrémités, se concentra autour du gouvernement, et dans la personne même de l'empereur ; et pour maintenir une faible circulation dans ce grand corps disloqué, le cœur dut se déplacer constamment et se porter alternativement sur le parties les plus malades.

Dans une situation pareille, on juge combien il eût été

dangereux pour les sultans du Maroc de fixer leur résidence dans une ville maritime dont ils auraient fait leur capitale unique. La moindre contestation avec une puissance étrangère aurait pu amener une flotte sous les murs de Rbat, et un seul coup de canon aurait fait au cœur de l'empire une blessure mortelle.

C'est ce danger que les successeurs de Iacoub ont cherché à prévenir, en fixant leur résidence le plus loin possible de la côte, et en transportant le corps diplomatique le plus loin possible de Rbat, où il avait résidé dans le principe.

Et toutefois cette politique des sultans, en amoindrissant le danger, ne l'a pas absolument écarté. Pour n'être pas devenues capitales, Rbat et Salé n'en ont pas perdu pour cela une importance qu'elles doivent surtout à leur position géographique, et si la vie de l'Etat n'est pas concentrée en elles, c'est par elles qu'il lui est donné de circuler. Interceptez le canal ou brisez-le, la circulation s'arrête immédiatement; le gouvernement est paralysé, et pour peu que cet état de choses se prolonge, une dislocation générale en devient le résultat inévitable.

Assurément le bombardement ou l'occupation de Tétuan, de Tanger, d'El-Araich et de Mogador, ne produirait pas des conséquences aussi funestes. Ces villes font, il est vrai, un riche commerce d'importation et d'exportation; mais le Maroc peut fort bien se passer de commerce, puisque son activité commerciale ne date que du siècle dernier, et que jusqu'alors il s'était suffi à lui-même.

La population de ces villes est nombreuse et opulente; mais elle se compose, en majeure partie, de juifs et d'étrangers qui en ont altéré le caractère et diminué l'importance politique. D'ailleurs, grâce à l'esprit nomade de ces peuples Arabes, qu'aucun lien n'attache au sol (puisque la propriété foncière n'existe là réellement que comme un privilége exclusif du sultan, maitre absolu de la terre, en sa qualité de vicaire d'Allah), la ruine de ces villes ne produirait qu'un refoulement de population vers l'intérieur, où certes il ne manque pas de terrain inoccupé à fournir à de nouveaux établissemens.

Ces villes sont fortifiées; mais qu'importe au sultan la ruine de quelques murailles qu'il laisse s'écrouler d'elles-mêmes? Quel tort peut lui causer la perte de quelques canons rongés par la rouille et à demi-ensevelis sous le sable? Enlevez tout le littoral, vous remettrez l'empire dans la situation où l'ont tenu, durant plus d'un siècle, les Portugais et les Espagnols, et peut-être, en définitive, lui aurez-vous rendu service. La nécessité de la résistance ralliera tous les intérêts locaux à un intérêt commun; elle rendra à tous ces intérêts usés leur activité et leur énergie; elle réveillera l'esprit d'unité qui allait s'éloignant de jour en jour, et ressuscitera la puissance que peut donner le fanatisme religieux. Mais bombardez, occupez Rbat et Salé, l'unité d'esprit et d'action devient matériellement impossible; les membres séparés de la tête s'agitent dans la confusion et se fatiguent en d'inutiles efforts; la nécessité même de la résistance amène la création d'un nouveau gouvernement dans la partie de l'empire que le sultan aura abandonnée à elle-même; les prétentions d'Abd-el-Kader, celles des enfans légitimes de Mouléï-Sliman, dépossédés en faveur de leur oncle Mouléï-Abd-er-Rahman, les Oudaïa qui rêvent encore à leur puissance anéantie, les Zehires et d'autres Berbères encore qui ne veulent reconnaître aucun maître, les antipathies anciennes, les inimitiés actuelles, tout concourt à une conflagration générale, à un schisme, à un démembrement.

Ah! si vous mettiez ainsi le poignard sur la gorge d'Abd-er-Rahman, avec quel effroi le pacifique et parcimonieux sultan demanderait grâce pour l'ombre d'autorité qui lui est restée ; avec quel empressement il chercherait à capituler à tout prix !

Le lendemain de mon arrivée, j'allai faire une visite de cérémonie aux principales autorités de la ville. Cette démarche m'était commandée par l'usage, et surtout par mon intérêt ; car j'avais à réclamer d'abord les moyens de continuer mon voyage jusqu'à Tanger, et ensuite la restitution de divers objets qui manquaient à l'inventaire, entre autres ma tente de voyage et mon jeune cheval, perdus ou dérobés dans la bagarre de la veille.

En sortant, j'appris avec plaisir, que, vu la gravité de la conjoncture, toutes les autorités se trouvaient réunies à l'Hôtel des Monnaies, situé dans une ruelle peu éloignée.

La salle d'audience où nous arrivâmes, à travers une haie de soldats accroupis par terre, formait un tableau original et imposant par sa simplicité. Sur un tapis, unique ornement de la pièce, étaient assis en demi-cercle, silencieux et appuyés sur des coussins en cuir, huit Maures de différens âges. Ces huit têtes, auxquelles les traits caractéristiques de la pure race maure donnaient une belle expression d'intelligence et de dignité, et que terminaient de grandes barbes blanches ou noires, étaient encadrées dans les plis moëlleux de riches haicks, parfumés d'ambre, éclatans de blancheur ; c'étaient le kâïd Souessi, gouverneur de Rbat ; les deux administrateurs de la douane, l'un pour Rbat, l'autre pour Salé, et leurs deux écrivains ; Sidi-Brittel, grand amiral et inspecteur des chantiers de l'empire ; le capitaine du port, Sidi-Ben-Tami, tout petit homme placé à côté d'un colosse qui semblait près de l'écraser sous sa masse. Ce colosse, autrefois administrateur de la douane, aujourd'hui curateur aux édifices sacrés de Rbat, paraissait dominer ses collègues, autant par son importance que par sa stature. Mais comme ces airs de supériorité n'étaient pas suffisamment justifiés à mes yeux par les fonctions qu'il exerce actuellement, il prit plus tard la peine de me révéler le secret de son importance.

— Je suis allé à Paris, moi, moussiou, me dit-il, du temps de l'empereur Bonabard, pour réclamer une prise marocaine.

— Ah!

— Oui, moussiou, et j'ai vu Bonabard, et je lui ai parlé, moi, moussiou.

— Ah! ah!

— Et un jour qu'il sortait en voiture avec l'impératrice, au milieu d'une immense foule où je me voyais perdu, figurez-vous qu'il m'aperçut.

— Je le crois bien, ce n'était pas difficile.

— Et en passant auprès de moi, il me dit: « Bonjour, comment ça va? » Et moi je lui répondis: « Bien moussiou, et madame, comment ça va? » Et alors madame se mit à rire, mais si doucement, si doucement, et la voiture disparut.

A la manière dont ce bon géant s'exprimait, il était aisé de voir que ce doux sourire de femme avait fait plus d'impression sur lui que la puissance même de l'empereur, car ce passage de sa narration qu'il m'a redite cent fois, ramenait toujours sur sa paupière une larme d'attendrissement.

Ce colosse, nommé Sidi-Hamet-el-Tetaouni, était alors premier administrateur de la douane. Sidi-Hamet est un bel homme de quarante ans, dont un regard fin, des manières distinguées et un langage élégant révèlent, de prime-abord, la supériorité. Son pélerinage à la Mecque, et ses voyages en Espagne, en Italie et en France, lui ont donné un vernis d'instruction, et acquis un certain nombre d'idées administratives, justes et fort avancées pour l'Afrique ; mérite assez rare au Maroc, qui justifie le choix du sultan, et qui, avec le temps, élèvera sans nul doute Sidi-Hamet aux premières charges de l'empire.

Il aimait, quand nous nous trouvions seuls, à me développer des projets d'améliorations importantes qu'il méditait ; mais il connaissait trop bien son pays, pour s'étonner de l'incrédulité avec laquelle j'accueillais ses espérances. « Quand le salut d'un empire dépend de deux ou trois têtes, lui disais-je, quel fonds d'espérance peut-on placer dans son avenir ? Que d'idées magnifiques ont traversé l'esprit de la plupart de vos empereurs ? Ils sont morts, et leurs idées se sont à jamais perdues avec eux. » Je lui citais à ce propos beaucoup d'exemples qu'il connaissait fort bien, et lui m'en cita un que je ne connaissais pas.

Un jour, Mouléi-Ismaël, trouvant trop long l'intervalle du désert qui sépare Ksar-el-Kebir de Meknês, ordonna qu'une grande ville s'élevât à égale distance de l'une et de l'autre. Pour donner une prompte satisfaction au désir du sultan, des milliers d'ouvriers furent mis en réquisition, et d'immenses caravanes furent employées au transport des pierres de la montagne. Les fossés étaient creusés et les fondemens s'élevaient rapidement, quand Mouléi-Ismaël mourut tout-à-coup. Aussitôt que la nouvelle de sa mort arriva au chantier, il fut déserté de tous les ouvriers. Les caravanes jetèrent les pierres au milieu de la route et se dispersèrent ; et depuis deux siècles, ces grands blocs épars dans la campagne n'ont excité les regrets, ni même la curiosité de personne.

Bien que particulièrement lié avec tous les personnages que je viens de citer, je trouvai cette fois leur accueil embarrassé et froid, à force de vouloir paraitre digne. Mais la honte et l'inquiétude que leur inspiraient les événemens de la veille m'expliquaient leur réserve. Cependant le kâïd Souessi tâcha de faire bonne contenance et de tourner l'affaire en plaisanterie; à toutes mes réclamations il ne répondit que par des *inch-allah!* qui furent unanimement répétés par tout le conseil; ce qui signifiait : « Tu nous demandes beaucoup plus que nous ne pouvons t'accorder. »

Sur ces entrefaites, survint le kâïd des cent cinquante noirs de Moulêï-Achmet. « Ah! s'écria Sidi-Souessi, voilà ce brave commandant qui t'a sauvé des mains des Zahires. Tu lui dois des remercîmens; car, pour protéger ta fuite, il a abandonné le champ de bataille, et sacrifié, pour toi seul, toute la caravane. » La plaisanterie me parut dépasser les bornes; je répondis sèchement que je ne connaissais pas cet homme. « — Comment, reprit Sidi-Souessi, tu ne le connais pas? » — Si j'ai vu quelque chose de lui, c'est son dos : mais entre cent cinquante hommes qui fuyaient, il m'était bien difficile de distinguer le capitaine du dernier de ses soldats. Encore une fois, je ne le connais pas : je ne connais que Ben-Sebbah.» A ces paroles, le malheureux commandant baissa les yeux, comme s'il eût pressenti l'effet qu'elles devaient produire, et son presssentiment ne le trompait pas, car l'ordre arriva, quinze ou vingt jours après, de charger de chaînes, lui et ses lieutenans, de les attacher deux à deux sur des chameaux, et de les envoyer à Fês où ils furent plongés dans un cachot dont ils ne sont peut être jamais sortis. Plus tard, le gouverneur me fit comprendre la dureté de mes paroles, et je lui fis comprendre l'outrecuidance de sa provocation.

L'audience se termina très-froidement, et je m'en retournais fort triste de la captivité que j'avais encore en perspective, lorsque je fus rejoint par Ben Sebbah. Il avait le bras et la poitrine enveloppés de bandages ; mais, en dépit de ses blessures, son front était serein, et son visage joyeux : « Bonne nouvelle, me dit-il en riant, si tu veux me donner cinquante piastres, je te rapporterai demain le cheval, la tente et les plateaux. »

A l'air avec lequel je lui répondis : « Je le veux bien, » le brave soldat comprit que je le soupçonnais de chercher à spéculer sur ma mésaventure. « Ce n'est pas pour moi que je demande cette somme, reprit-il vivement, mais pour les Zahires. Voici le fait. Les Zahires ont appris que le kâïd Faradji arrive de Fès, à la tête d'une puissante armée. Bien qu'eunuque et d'un âge déjà avancé, Faradji est un capitaine fort distingué, aussi obstiné qu'intrépide, et rien ne lui coûtera pour justifier la confiance aveugle dont le sultan l'honore. Son projet est de réduire d'abord les Beni-Hacen, et de tomber ensuite avec toutes ses forces sur les Zahires. Peu soucieux de l'attendre dans la plaine, ceux-ci songent à rentrer dans leurs montagnes, et pour rendre leur marche plus légère, ils veulent se défaire promptement de toute la partie du butin qui les embarrasse, et en réaliser la valeur en espèces. Donc ils ont fait publier ce matin par leurs coureurs, aux portes de la ville, qu'à partir d'aujourd'hui, un marché sera ouvert par eux sur la route, où tous les effets enlevés à la caravane seront vendus à un rabais honnête ; que les acheteurs pourront s'y présenter sans crainte, et qu'à prix égal, les propriétaires de la marchandise dérobée obtiendront la préférence sur tout autre. Supposant que tu ne te soucies pas d'aller racheter toi-même ta propriété, je t'offre d'y aller en ton nom, et, foi de Ben-Sebbah, je te promets de marchander et d'ôter à qui que ce soit l'envie de me faire concurrence. »

— Et penses-tu, dis-je à Ben-Sebbah, que ces bandits respecteront l'engagement qu'ils prennent ?

— Leur parole est sacrée, répondit-il; et il n'est pas un seul homme, entre toutes leurs victimes, qui n'y compte comme moi.

Je mis 50 piastres dans ses mains, que je pressai cordialement; il partit : et le lendemain je le vis arriver chez moi, avec un bruit d'enfer, rapportant triomphalement le cheval, la tente et les plateaux, plus 10 piastres qu'il avait eu l'adresse d'économiser.

Peu de temps après, je reçus la visite de deux membres du Conseil des Quarante : l'un d'eux était récemment arrivé d'Alger. Je croyais avoir affaire à quelques rejetons de ces anciennes familles maures, expulsées d'Espagne, dont le nombre est considérable à Rbat. Elles forment une caste privilégiée, qui habite un quartier séparé, espèce de faubourg Saint-Germain, muré par les préjugés aristocratiques, où une mésalliance avec la roture est un scandale assez rare. Je me trompais : mes deux visiteurs étaient, l'un cordonnier, et l'autre corroyeur. Bien que l'aristocratie soit représentée au Conseil des Quarante, comme elle forme une minorité que l'instinct conservateur, propre à tout corps aristocratique, rend circonspecte et timide, elle y exerce peu d'influence. La bourgeoisie, plus active, plus hardie et plus turbulente, y a toujours la prépondérance; et entre tous les bourgeois, ce sont les cordonniers, corporation nombreuse, riche et puissante, qui dominent et entraînent la majorité.

Ce Conseil des Quarante, qui, dans les momens de crise, s'érige en gouvernement provisoire, et annule l'autorité des préfets impériaux, jusqu'au moment où le calme est rétabli, ce Conseil des Quarante m'a paru un des vestiges les plus remarquables de l'ancienne constitution municipale de Rbat et de Salé.

J'appris de mes deux visiteurs que l'empereur se trouvait dans ce moment (1839) à Ouchda, qu'il s'était rendu dans cette ville frontière, pour avoir une entrevue avec Abd-el-Kader, et traiter, sans intermédiaire, des conditions de leur alliance; que Moulêi-Abd-er-Rahman avait invité Abd-el-Kader à se rendre au camp impérial, mais que le rusé marabout avait trouvé mille prétextes pour se dispenser de rendre au sultan un hommage direct qui pouvait compromettre son indépendance et ses projets ambitieux; que dès lors, au grand mécontentement de Moulêi-Abd-er-Rahman, aucun arrangement définitif n'avait pu être arrêté entre eux; qu'en attendant, l'eunuque Faradji, favori du sultan, et kâïd de premier ordre, avait été investi du commandement de l'armée dirigée contre les Beni-Hacen et les Zahires, et que probablement le sultan, n'osant pas abandonner les provinces septentrionales, agitées par les émissaires d'Abd-el-Kader, adopterait le sage parti de demeurer à Fês, au lieu de venir à Rbat, ainsi qu'on l'avait annoncé.

J'appris en même temps qu'un navire français venait d'apporter à Rbat trente caisses de fusils de munition qu'il avait embarqués à Marseille. Je vis, par le manifeste, que ces fusils étaient expédiés par un Maure algérien, établi depuis long-temps à Marseille, où il fait les affaires d'Abd-el-Kader et de ses principaux agens.

J'expédiai sur-le-champ un courrier à M. le consul-général de France à Tanger, pour l'informer de ces nouvelles, et bien m'en prit, car on ne soupçonnait pas encore à Tanger ce commerce d'armes et de munitions qui durait depuis quelques mois entre Gibraltar, Tetuan et El-Araich; sitôt que M. le consul-général eut l'éveil, il ne tarda pas à faire d'importantes découvertes, que tous nos agens consulaires juifs et sujets marocains s'étaient, jusque là, étudié, comme les autorités maures, à dérober à sa connaissance.

Les rapports de mes deux bourgeois ne m'inspirèrent

d'abord aucune confiance, tant j'étais surpris de les voir manquer spontanément à la discrétion qui caractérise les Maures, surtout en matière politique. Mais le reste de notre conversation me révéla bientôt les motifs de cet abandon. Le cordonnier, qui avait toujours figuré en tête de l'opposition, venait de retremper encore son libéralisme dans un voyage à Alger, d'où il rapportait le plus vif enthousiasme pour les institutions et pour le caractère français, et surtout pour notre organisation militaire. La comparaison qu'il faisait entre notre administration et celle de son pays, irritait les sentimens hostiles qu'il nourrissait, de longue date, contre le gouvernement timide et parcimonieux de Moulêï Abd-er-Rahman.

L'approche du kâïd Faradji et la retraite des Zahires me donnaient l'espoir de voir bientôt finir ma captivité. Mais la marche des armées marocaines est si lente, leurs actions si peu décisives, leurs négociations si longues, qu'il m'était encore impossible de fixer le jour de mon départ. La route se trouvait toujours interceptée à quelques lieues de Salé par les Beni-Hacen ; les courriers usaient de toute sorte de stratagèmes, et se glissaient durant la nuit, à travers les rochers du rivage, pour échapper aux poursuites des rebelles. J'avais appris à n'avoir plus aucune confiance dans une escorte, si forte qu'elle fût; et, du reste, le gouverneur n'eût jamais consenti à affaiblir, dans un pareil moment, la garnison de Rbat. A toutes mes doléances, il répondait toujours par le mot de Panurge : «Patience! » et par le sien : « Inchallah ! » Mais quelle bonhomie il fallait, pour recevoir sans colère ces banales et insipides consolations ! Je n'avais pas de livres, pas d'affaires, et, pour comble d'ennui, je ne pouvais sortir qu'entouré de gardes à pied et à cheval. A Dar-Beïda, au moins, le droit de cité m'avait été octroyé dès le premier jour, et cette population paisible s'était promptement habituée à mon va et vient continuel. Mais quelle différence entre les mœurs de cette peuplade et celles des habitans de Rbat et de Salé! Aucune ville de l'empire, sans en excepter Fès ni Maroc, n'a, plus obstinément que Rbat et Salé, préservé sa sauvage virginité contre les atteintes de la civilisation européenne. Que de temps il m'a fallu pour obtenir le droit de faire librement quelques pas dans les principales rues de Rbat! Encore ne se passait-il pas de jour où je n'eusse à essuyer quelque insulte, ou à courir quelque danger.

Mon imperturbable sang-froid, et le sourire goguenard avec lequel j'accueillais ces démonstrations hostiles, finirent cependant par lasser mes persécuteurs, et j'allais quelquefois tout seul me promener au quartier juif, à la douane, ou sur le bord de la rivière. Mais un jour, je faillis de payer cher mon obstination à vaincre cet invincible fanatisme.

Ce jour-là, on célébrait au cimetière dont j'ai parlé, je ne sais plus quelle fête, qui avait réuni dans les chapelles et autour des tombeaux une immense foule d'hommes et de femmes. Ignorant cette circonstance, j'étais sorti sans escorte, et m'étais dirigé vers le cimetière, où, sitôt que j'aperçus la foule, je m'en trouvai enveloppé de toutes parts : mille regards menaçans me dardaient, mais sans que personne osât encore passer des injures aux voies de fait, lorsqu'un saint m'aperçut. On sait qu'en Afrique, le titre et les priviléges de saint sont accordés par le peuple, non-seulement aux personnages connus pour l'austérité de leurs mœurs, ou pour leur parenté avec le prophète, mais généralement encore aux idiots et aux fous. A quel titre le personnage en question jouissait-il des droits de la sainteté? Je l'ignore. C'était un homme de trente ans, de belle figure, bien pris de corps, et dont les grands yeux lançaient des éclairs.

— Que viens-tu faire ici, chien de chrétien? me cria-t-il de loin d'un air furieux... Je ne répondis pas, et poursuivis mon chemin. — Ignoble chien, dont j'ai outragé le père et la mère, continua-t-il, va-t-en d'ici ; tu souilles ces lieux saints!

Céder à ses menaces, c'eût été l'enhardir à la violence. Je m'arrêtai, et lui répondis en aussi bon arabe que je pus :

— Si je suis un chien, je suis créé à ton image, et l'outrage que tu as fait à mon père et à ma mère, je l'ai fait, moi, à ton père et à ta mère ; à ton aïeul et à ton aïeule ; à ton bisaïeul et à ta bisaïeule, et à ta race tout entière ; et je ne m'en irai que lorsque bon me semblera?

A ces mots, le saint exaspéré ramasse une grosse pierre et menace de me la jeter à la tête, si je ne me retire sur-le-champ.

— Cette pierre, lui dis-je, me paraît bien lourde à ton bras. Pour que ton coup soit plus sûr, me voici! Et je m'avançai tranquillement vers lui. Sa bouche écumait, ses yeux sortaient de leurs orbites ; pourtant il hésitait encore à suivre l'impulsion de sa colère, lorsqu'un vieillard vint, en lui retenant le bras, lui fournir un moyen honorable de reculer. Je m'imaginais que ce bon homme, à barbe blanche, allait prendre ma défense, et m'aider à sortir d'un danger qui commençait à m'effrayer, tant la foule devenait épaisse et menaçante ; mais je me trompais, il mêla ses imprécations à celles des assistans, et je vis bien, qu'au moindre indice de faiblesse de ma part, j'allais être écrasé.

— Je me retire, criai-je alors à haute voix, en m'adressant au saint, non parce que tu me l'ordonnes, mais parce que je ne veux pas différer un seul instant de faire châtier ton insolence. Je suis Français! et si tu ignores ce que c'est qu'un Français, le kaïd chez qui je me rends de ce pas, aura le soin de te l'apprendre.

— Le kâïd ! reprit mon fanfaron, je fais sur sa barbe tout ce qu'il est possible de faire. Voyons, laissez-le passer, et qu'il aille porter sa plainte au kâïd.

A ces mots, la foule s'écoule, et m'ouvre spontanément un passage. Je me retire à pas lents, et me rends effectivement chez Sidi-Souessi, à qui je conte mon aventure. D'abord, il ne manque pas de m'adresser de vifs reproches pour être sorti un pareil jour sans escorte ; puis, il ajoute que les saints sont des imbécilles ou des fous dont les paroles ne méritent aucun crédit ; que ce sont des brouillons, sur qui l'empereur même n'a pas de prise. Quand je vis qu'il hésitait à m'accorder une satisfaction : « Kâïd Souessi, lui dis-je, je suis fâché que l'honneur du nom français trouve aussi peu de garanties dans ton autorité ; et ce qui me fâche tout autant, c'est que ta barbe se trouve ainsi impunément compromise avec mon honneur. Mais tu n'es pas tenu à l'impossible. Adieu !

— Attends, attends, reprit vivement le kâïd.

Aussitôt il fit un signe à l'un de ses lieutenans, qui partit avec un peloton de soldats. Une heure après, je sus que le saint, enlevé de vive force, venait d'être exilé à Salé, avec défense intimée aux bateliers, sous peine des verges, de lui donner passage pour revenir à Rbat.

Huit jours s'étaient écoulés depuis cet incident, lorsque deux vieillards se présentèrent chez moi pour me demander pardon, au nom du saint exilé, et réclamer l'autorisation de le ramener à Rbat. Je les renvoyai au kâïd ; le kâïd les renvoya chez moi. Si bien que le saint dut élire domicile dans une mosquée de Salé.

Tel fut l'effet produit sur la populace par cet acte d'autorité, que je résolus de me donner, en visitant Salé, une satisfaction à laquelle les dangers évidens de l'entreprise avaient dû me faire renoncer jusque-là ; car la population de Salé se montre encore plus sauvage et plus indisciplinée que celle de Rbat. Les Salétins sont, parmi les habitans des villes, ce que les Zahires sont parmi les habitans des campagnes. Il me fallut beaucoup de peine et beaucoup d'adresse, pour décider le kâïd à seconder mon projet. Mais quand, pour m'épouvanter, il me dit que les Salétins étaient des tigres et des loups, je lui répondis que ses soldats étaient des lions, et qu'une douzaine d'entre eux suffirait pour me protéger. Cette fois, comme toujours, la flatterie porta coup et j'obtins une escorte de douze soldats armés de sabres et de bâtons. Je leur adjoignis, par surcroît de précautions, six domestiques juifs. Je décidai encore Samuel Ben-Daham, l'agent consulaire, à m'accompagner, et bien m'en prit, parce qu'il promit de me faire faire la connaissance du principal rabbin de Salé, chez qui nous devions trouver un excellent déjeuner, préparé par les plus jolies juives de la province.

Dès que nous fûmes arrivés aux portes de Salé, je fis mes dispositions de bataille, dispositions qui annonçaient chez moi un peu de poltronnerie et beaucoup d'égoïsme, je l'avoue. Mais, comme c'était à moi seul qu'en voulait l'ennemi, la tactique la plus raisonnable devait avoir pour but de me mettre seul à couvert. A cette fin, je me plaçai au centre d'un double cercle, formé à l'intérieur par mes six acolytes juifs, à l'extérieur, par mes douze soldats; c'est ainsi que nous entrâmes en bon ordre.

Aussitôt après avoir dépassé la porte, nous nous trouvâmes dans une grande place, au milieu de laquelle s'élevait un monticule couvert d'immondices, de pierres et de débris de vaisselle, arsenal redoutable, dont je constatai avec inquiétude la position avantageuse. J'avais à peine mesuré de l'œil l'intervalle que nous avions à parcourir pour tourner le monticule, lorsqu'un cri perçant s'éleva tout à coup, répété par mille échos : *Nesrani! Nesrani!* le chrétien! le chrétien! Soudain, par toutes les rues qui débouchaient sur la place, déborde précipitamment un flot d'enfans, d'hommes et de femmes déguenillés, qui s'emparent de la hauteur et commencent l'attaque. Ils étaient, sans exagération, au nombre de trois ou quatre cents, tous en état de manier les armes. Aussi, en un instant, l'air fut inondé de pierres, de pots cassés et de trognons de choux, qui tombaient sur nous, dru comme grêle. De ces projectiles, les uns arrivaient en ligne droite comme des boulets; les autres, en ligne parabolique comme des bombes. En faisant habilement le moulinet avec leurs bâtons, les soldats parvenaient assez bien à dévier et à arrêter les boulets. Mais il était difficile d'échapper aux bombes, qui, à chaque instant, venaient aplatir un peu le chapeau de l'agent consulaire et les bonnets noirs de mes domestiques. Leurs coiffures et leurs manteaux furent bientôt constellés d'immondices, heureusement rien n'était encore arrivé jusqu'à moi, et nous avancions, quoique bien lentement.

Mais l'orage allait toujours grossissant, et le tumulte augmentant, si bien que Ben-Daham, peu soucieux de me faire visiter la ville en détail, ne songea plus qu'à atteindre le quartier des juifs par le plus court chemin. Donc nous nous engageâmes dans une ruelle, où nos aggresseurs ne pouvaient plus présenter qu'un front très étroit, et nos soldats placés en avant et en arrière, contenaient assez aisément leur impétuosité. Mais bientôt les terrasses furent couvertes d'une foule de femmes et d'enfans, qui poussaient d'atroces hurlemens, et qui nous eussent fait un bien mauvais parti, si les munitions n'eussent manqué à leur ardeur guerrière. On conçoit que, par un tel orage, il ne m'ait pas été permis de faire de nombreuses observations sur l'aspect intérieur ni sur l'architecture de Salé. Touchant l'architecture, je ne pus constater par induction que trois faits, et les voici : d'abord, les maisons de Salé n'ont pas de fenêtres sur la rue ; ce qui m'en fit apercevoir, c'est qu'aucun meuble ne nous tomba sur la tête. En second lieu, les maisons de Salé n'ont qu'un seul étage : je le reconnus à l'effet peu redoutable produit sur nous par les projectiles, car s'ils fussent tombés d'un peu plus haut, la force acquise par eux dans la chute eût été meurtrière Enfin, les terrasses des maisons de Salé ne sont couvertes ni d'ardoises, ni de tuiles, mais d'un ciment composé de sable et de chaux, qui forme une croûte épaisse et compacte : la preuve en fut pour moi, que les toits ne se détachèrent pas sur nous pièce à pièce. Ces trois faits constatés, nous arrivâmes au *Mellah* Mellah (terre salée, aride, maudite) est le nom donné dans toutes les villes maures au quartier où sont parqués les juifs. On devrait le nommer la terre infecte, car dans toutes les villes, ce quartier est encombré d'immondices et rempli d'émanations pestilentielles. Après avoir traversé une foule de passages et de ruelles, où des chiens et des enfans tout nus pataugeaient dans le fumier, nous arrivâmes à la maison du rabbin, dont l'intérieur élégant et propre ce jour là, contrastait heureusement avec ses abords.

Dans une salle étroite et longue, ornée avec profusion de matelas et de coussins empilés, et de petites glaces, suspendues sans ordre tout autour des murailles, nous trouvâmes une table basse, couverte de mets et de pâtisseries de toute espèce, repas de gala, auquel un grand nombre de voisins avait été invité en notre honneur. Les convives furent gloutons, le maître de la maison aimable et empressé, le repas bruyant et ennuyeux. Au dessert, notre hôte chanta un psaume de David, et nous fit une explication embrouillée d'un passage fort embrouillé du Talmud, honneur insolite que me rendit le rabbin, parce qu'il venait d'apprendre que j'étudiais l'hébreu : il voulait me persuader d'une chose aussi difficile à croire de lui que d'aucun de ses coréligionnaires du Maroc : c'est qu'il possédait bien la langue mosaïque. L'heure vint heureusement de nous présenter à ces dames, qui toutes s'étaient retirées dans une autre pièce, où elles s'occupaient du service avec les domestiques ; car les prérogatives du grand sexe sur le petit, paraissent aussi rigoureusement observées chez les juifs que chez les Maures. L'une et l'autre loi condamnent la femme à la servitude, et lui défendent de s'asseoir à la table de son maître : seulement, on lui fait quelquefois la grâce de la laisser s'accroupir sur une natte dans un coin de la salle, où elle mange silencieusement la ration que lui envoie son mari, pendant qu'il trône au milieu de ses convives, et qu'il les égaye par ses propos grivois et par ses chansons : mais le plus ordinairement les femmes dînent à la cuisine.

Ainsi que me l'avait annoncé Ben-Daham, la femme et les filles du rabbin me parurent d'une admirable beauté ; leur costume de fête, couvert de broderies d'or et de pierreries ; leur diadême de perles fines, surmonté d'un foulard éclatant dont les bouts retombaient gracieusement sur le dos ; leurs grandes boucles d'oreilles, leur chemise en mousseline blanche, aux larges manches rattachées sur les épaules, et d'où sortaient de magnifiques bras, ornés de gros bracelets en argent massif ; tous ces ornemens, dont la mode invariable remonte aux premiers temps de la société hébraïque, relevaient encore le vif éclat de leurs beaux yeux noirs et de leur carnation animée. La curiosité avait réuni dans le gynécée, un grand nombre de voisines ; parmi elles, j'en remarquai peu de vraiment laides ; mais cette fois encore, je fus frappé d'une singularité que j'avais eu déjà bien souvent l'occasion d'observer, c'est qu'en Afrique, dans les villes, les femmes maures, ainsi que les juives, jouissent d'un embonpoint si immodéré, que chez quelques-unes il est vraiment monstrueux. Entre ces masses, on en rencontre qu'il serait téméraire de classer parmi les solides, tant elles affectent littéralement cette propriété caractéristique des liquides, de n'avoir pas de forme propre et de prendre toujours celle du corps contenant. Je savais déjà que l'embonpoint est considéré comme une des perfections de la beauté orientale, mais toujours avais-je à m'étonner que cette perfection fût si commune chez les Africaines. Ben-Daham voulut bien me donner l'explication de ce fait. « Nous avons, me dit-il, pour engraisser les femmes, un procédé infaillible, dont les Maures usent comme nous. Prenez de la mie de pain et faites-en des boulettes de diverses grosseurs; administrez-en chaque jour un nombre déterminé et progressif, à partir d'une jusqu'à vingt-quatre, en commençant par les plus petites, et en allant graduellement jusqu'aux plus grosses; précipitez chaque fois la déglutition au moyen d'un grand verre d'eau, et en trois mois vous obtiendrez une femme parfaite. »

Après une halte de quelques heures, nous reprîmes la route de Rbat, à travers les mêmes écueils et les mêmes bourrasques qui avaient contrarié notre arrivée.

Dans les premiers jours de ma captivité, j'aimais à passer la soirée sous les grands arbres des délicieux jardins de Rbat, où la nature se montre magnifique et somptueuse; mais bientôt je fis une triste découverte qui me dégoûta de ces promenades. Au sortir d'une des portes de terre qui conduit aux jardins, j'avais souvent remarqué un monticule de fumier, isolé au milieu de grands arbres; et malgré l'incurie et la malpropreté bien connues des Maures, je trouvais étonnant qu'on eût donné à un tel emplacement une telle destination.

Personne n'avait voulu répondre à mes questions à ce

sujet, lorsque le hasard m'apprit un jour que ces arbres avaient été plantés là pour ombrager les tombeaux des chrétiens morts à Rbat, à l'époque où le corps diplomatique y résidait, et où les frères de la Merci y desservaient une petite chapelle. Aussitôt après leur départ, les Maures ont couvert ces tombeaux d'immondices, qui peu à peu ont formé un grand tumulus, devant lequel nul Maure ne passe sans jeter une imprécation. Leur fanatisme impitoyable n'avait pas eu confiance dans le temps qui broie le marbre et l'ensevelit sous le gazon. L'oubli ne leur suffisait pas, il leur fallait encore la profanation. Et les nations européennes qui font tant de bruit pour un acte d'hostilité accidentel, ferment les yeux sur une insulte qui dure depuis un siècle! Quelques balles de laine ou de calicot excitent plus vivement leur intérêt que les dépouilles sacrées de ces malheureux chrétiens, morts dans l'exil. Et l'on veut que ces barbares nous respectent, nous qui nous respectons si peu !

Cette découverte me fit une impression si pénible, que je ne voulus plus passer par cette porte maudite. Je préférai demeurer renfermé chez moi, et me contentai des distractions que je trouvais à ma fenêtre. Mais sitôt que je renonçai à poursuivre les distractions au dehors, elles vinrent à l'envi m'obséder jusque chez moi.

Ma maison qui, dans les premiers temps, était montrée au doigt, comme un repaire maudit, devint bientôt, grâce à la visite de quelques saints personnages, aussi fréquentée que la plus sainte des mosquées. C'était, du matin au soir, un va et vient perpétuel de toute sorte de gens, depuis les hauts dignitaires de l'empire, jusqu'aux plus misérables habitans des montagnes, et jusqu'aux baladins du marché. Mais je dois dire, pour rendre hommage à la vérité, que mon cheval était, presqu'au même titre que moi, l'objet de cet intérêt et de cette curiosité empressés. On ne sortait jamais du salon, sans passer à l'écurie, et là, tous les Maures, l'un après l'autre, fûssent-ils cinquante, s'approchaient du cheval, posaient leur main sur son front, et puis la portaient à leurs lèvres. Au Maroc, il n'est pas de cheval de race, qui n'obtienne cet hommage de quiconque peut l'approcher.

Pour donner une idée du mouvement d'entrée et de sortie qui avait lieu chez moi, j'extrais de mon journal le résumé des visites d'une seule journée.

Sept heures du matin. — Le capitaine du port vient comme à l'ordinaire, pendre sa tasse de café. Sa montre ne marche plus ; il me prie de la remettre au pas, parce qu'il s'imagine que tout chrétien est mécanicien.

Huit heures. — L'amiral Drittel vient prendre une tasse de café. Il désire que je m'adjoigne à lui pour faire demain une expertise d'avarie, à bord d'un navire qui a touché le fond, en passant la barre. L'amiral s'imagine que tout chrétien connaît les lois.

Huit heures et demie. — Un jeune Maure, riche et distingué, vient me consulter au sujet d'une infirmité qui le chagrine, et qui, m'assure-t-il, chagrine encore plus sa femme. Il s'imagine que tout chrétien est médecin. « Bains, tisane, patience. Inch Allah ! » Telle est mon ordonnance.

Neuf heures. — Un rabbin qui prête sur gage, à trois cent pour cent, aurait besoin d'un solde de mille piastres fortes, pour un malheureux kaïd, à qui le sultan donne à choisir entre le lacet et le paiement d'une très forte somme qu'il n'a pas. Le taux courant en Afrique est de douze pour cent; mais comme le digne banquier a entendu parler de la rente trois pour cent, il voudrait bien emprunter au même taux que l'Etat. Celui-là croit que tout chrétien est richement pourvu de piastres et d'étourderie.

Dix heures. — On annonce le fils de feu le sultan Mouléï-Sliman. Tous les juifs et les Maures présens décampent en toute hâte, pour me laisser seul avec Sa Hautesse. — Sa Hautesse est un jeune homme de vingt ans, taille élancée, grands yeux noirs un peu hagards, teint brun, sourire fort agréable; il déjeune avec moi, et boit la bière très volontiers. Il parle de son frère aîné, qui occupe à Maroc un poste fort important auprès de son cousin, Mouléï-Mohammed, fils aîné de Mouléï-Abd-er-Rahman. Il parle de son frère cadet qui commande un corps de troupes, je ne sais plus dans quelle province éloignée. Il parle enfin de lui-même, Mouléï-Sliman, qui vit obscurément à Salé, d'une petite pension que lui fait son oncle Abd-er-Rahman. Il dit comment il considère l'avènement au trône de son oncle; ce qu'il pense des vues dans lesquelles on a donné à ses frères ces postes importans qui les mettent constamment en évidence; comment il supporte lui-même son exil à Salé; quels sont ses désirs et ses espérances. Après le thé, il se retire, en me faisant la promesse de venir me voir aussi souvent que possible.

Deux heures après-midi. — Une bande de quarante montagnards Tadlaouï envahit la cour. Je fais défendre ma porte; mais après beaucoup d'instances, le chef de la bande obtient d'être introduit. C'est un petit Maure aux cheveux gris, au regard vif, au verbe abondant et rapide, un bon homme, qui me traite de prime-abord comme un ancien ami. Sidi-Boaza, c'est son nom, habite les montagnes de Tadla, peu distantes de Maroc. Il me raconte des merveilles, au sujet des villes ruinées ou encore debout que l'on rencontre dans les vallées intérieures de cette partie de l'Atlas, mille anecdotes sur les nobles mœurs et sur la chasse du lion; il promet de m'apporter deux peaux de lion à son prochain voyage, et m'invite à aller passer quelques jours dans le klan dont il est le chef.

Ces quarante vigoureux hommes tous nus, et couverts seulement par un manteau de laine qui tombe de la ceinture jusqu'aux genoux, en dessinant des formes athlétiques, sont ses amis et ses leudes. On demande pour l'un d'eux la faveur d'entrer au salon; quand il s'est installé en riant sur une chaise où il ne sait comment se tenir, la même faveur est demandée pour un autre, et puis pour un autre, et bientôt le klan Boaza a inondé l'appartement. On sert le thé; on monte le ressort d'une grande boîte à musique qui leur joue quelques airs de Zampa et de Robert-le-Diable. Ce sont d'abord une stupéfaction, une joie, et puis des grimaces, des trépignemens, des cris impossibles à décrire. Tout l'Atlas apprendra ces merveilles du christianisme. Enfin le klan se retire émerveillé et reconnaissant. Mais au moment où ils traversaient la cour pour sortir, je vois tous ces hommes se prosterner la face contre terre, et un bel homme, qui vient d'arriver, vêtu d'un superbe costume, se tient debout parmi eux et les bénit; puis il les congédie et demande à me voir. Le soldat de garde l'introduit sans oser lever les yeux sur lui. Cet homme si vénéré se nomme Sidi-Driz. Il a trente ans; il est gras, rose, rieur, gourmand et porte une barbe magnifique. Il descend en ligne directe de Mahomet, réside à Tadla où il possède de grandes propriétés, paraît de temps en temps à la cour, où il jouit d'une grande influence, et traite les plus importantes affaires des Berbères. Sa marche à travers les villes et la campagne est un triomphe continuel. Femmes, enfans et vieillards se pressent sur ses pas pour baiser son manteau et ses babouches. Il donne la joie aux vieillards, la sagesse aux enfans, et aux femmes la fécondité. Il boit chez moi trois tasses de café, me parle de son pays et m'interroge sur le mien.

Il n'a aucune instruction, mais il trouve les valses de Strauss fort belles, et me donne en partant sa bénédiction, pour un pain de sucre.

Cinq heures du soir. — Une troupe de nègres est introduite dans la cour; ils sont au nombre de vingt, tous en grande toilette, mais sans le haïck. Deux foulards attachés à deux longues cannes leur servent de drapeaux. Le chef de la troupe porte un tambour de basque, et tous les autres ont, dans chaque main, de petites cymbales doubles en cuivre, dont ils jouent comme de castagnettes. C'est le jour de la fête semestrielle des esclaves, et ils viennent me donner la sérénade, comme ils l'ont donnée à toutes les autorités, pour avoir un regalo. Les voilà rangés en cercle. Les drapeaux s'agitent, le tambour de basque mugit, les castagnettes crient : ils chantent, ils dansent, ils frappent le sol en cadence, s'élancent et retombent accroupis, ils font toutes sortes d'évolutions et de grimaces, prennent toutes les poses imaginables, forment avec leurs jambes et avec leurs bras toutes les figures possibles. Jamais dans aucun recueil de caricatures, je n'ai vu postures plus grotesques, gestes plus variés, grimaces plus bouffonnes.

Sept heures du soir. — Deux devineresses berbères demandent à examiner mes mains, et à me dire la bonne fortune. On m'a conté tant de merveilles sur le talent divinatoire des Moghrebins, que je n'hésite pas un seul instant à les recevoir. L'une est vieille, l'autre jeune. Toutes deux ont le teint cuivré, des yeux magnifiques, et pour dents, de petites perles d'une exquise blancheur. Toutes deux se sont grimées, selon l'usage des Maures, avec une aiguille trempée dans une dissolution de sulfate de plomb, au moyen de laquelle elles tracent, au coin extérieur de l'œil et au centre de la lèvre inférieure, des rayons bleus qui font par fois un charmant effet. Toutes deux sont couvertes de sales haillons, mais on remarque dans la manière dont ces haillons sont drapés, une coquetterie, une complication, un art qui produisent un effet et de gracieux plis, dignes de la statuaire. Ces draperies et ces coiffures rappellent les temps les plus anciens de l'Afrique carthaginoise et romaine. On dirait des figures détachées d'un bas-relief antique. Dans un pli de leur manteau, qui forme sur les reins une grande poche, la vieille femme porte un chat, et la jeune un enfant, dont les yeux merveilleusement fendus, brillent comme des escarboucles. A l'inspection de ma main, la vieille défile un chapelet de niaiseries, communes à toutes les sorcières passées, présentes et futures. Mais ensuite la jeune femme s'approche, me regarde en face, sourit et me dit à l'oreille quelques mots qui me frappent comme la foudre. Jamais sybille au monde n'a arraché du fond du cœur des secrets plus intimement cachés.

A la divination du passé, elle joint une prophétie; cette prophétie, qui était selon mon cœur, s'est accomplie plus tard : aussi ai-je béni ma jolie et pauvre prophétesse berbère, et depuis ce jour je crois à la science de la chiromancie.

Pendant que les devineresses vont de maison en maison, disant la bonne aventure, leurs maris font, sur la place publique, métier de narrateurs, d'orateurs et de poëtes. Que de fois, au coucher du soleil, à l'heure où la foule se pressait la plus nombreuse autour d'eux, il m'est arrivé de m'arrêter à les écouter, surpris de partager malgré moi l'intérêt et le charme que leur parole poétique et leur mimique passionnée excitaient dans ce sauvage auditoire. La troupe se compose ordinairement d'un premier sujet déclamateur, d'un joueur de tambour de basque et de deux joueurs de haut-bois. Leur costume consiste en un immense manteau de laine qui, du front, où il est retenu par une corde en cuir de chameau, descend jusqu'aux talons, en formant autour des bras, de la poitrine et des reins une foule de plis aussi bizarres, aussi gracieux que la draperie des femmes. Les joueurs de haut-bois, accroupis par terre, font l'office de l'orchestre; ils exécutent l'ouverture et les intermèdes, et, l'œil toujours fixé sur l'orateur, ils s'arrêtent et recommencent à son gré, variant le caractère et le mouvement de la mélodie, suivant l'expression de son regard. Le premier sujet, debout au milieu du cercle, raconte, décrit, déclame, harangue : il met les personnages en scène, les fait dialoguer, en prenant tour à tour le caractère et les gestes de chacun. La mobilité de ses yeux, l'animation de ses traits, la variété infinie de ses inflexions et de ses poses, sa marche droite ou circulaire, le mouvement de ses bras et de sa draperie, tout sert à l'effet qu'il veut produire, et à ses ressources se joignent encore, pour rendre l'effet infaillible, les ressources du tambour de basque. Le joueur de tambour, assis en face de l'orateur, ne le perd pas de vue un seul instant : il lit dans ses yeux, il devine son intention, il répond à toutes ses émotions par des coups habilement frappés, se fait l'écho de toutes ses pensées. Tantôt ces coups tombent lentement, mystérieusement et à des intervalles inégaux, pour exprimer l'incertitude et les chances variées de l'action qui s'engage et se complique : puis, à mesure que les obstacles s'élèvent, et que les péripéties se succèdent, les coups viennent, brusques et redoublés, terminer chaque phrase du narrateur comme des soupirs, comme des sanglots, comme un cri de terreur ; ou bien ils forment au récit une basse continue, comme les battemens précipités d'un cœur livré à toutes les alternatives de l'espérance et de la crainte, de la souffrance et de la joie. Tantôt la cadence, marquée par le tambour, est toute descriptive : elle exprime le calme et le mystère de la nuit, ou l'agitation des flots et des forêts; la marche silencieuse d'une caravane dans le désert, ou le cliquetis d'une bataille; le galop harmonieux du cheval, ou les pas légers d'une femme ou d'un esprit... Puis, enfin, dans les momens où le récit se résout en un hymne de gloire ou d'amour, le tambour mugit, tourne frénétiquement sur lui-même, agite follement ses grelots, s'élance dans l'air et retombe en frémissant dans les mains de l'artiste, et l'on dirait que les cœurs des assistans, attachés tous à ce tambour, résonnent et bondissent avec lui.

A l'époque dont je parle, ces orateurs ambulans jouissaient d'un immense crédit, et leur nombre semblait s'être considérablement multiplié. Mais ils n'empruntaient plus leurs sujets à l'histoire ancienne ni au roman chevaleresque; ils traitaient de l'histoire moderne et des événemens politiques, dont les courriers d'Alger apportaient chaque jour les nouvelles. C'étaient de véritables gazettes vivantes qui se lisaient chaque jour elles-mêmes à la populace, et en exploitaient les passions au profit d'Abd-el-Kader. Peu soucieux de la vérité, et n'ayant qu'un seul objet en vue, la glorification de l'Islam et l'extermination du christianisme, ils dénaturaient les faits, et les arrangeaient sélon qu'il leur convenait pour irriter le fanatisme de leurs auditeurs, tantôt par la joie, tantôt par l'indignation et par la douleur. C'est par leur entremise, je n'en doute pas, qu'Abd-el-Kader a fomenté contre nous, au Maroc, les haines qui ont éclaté naguères avec tant de violence.

J'ai dit de Rbat et de Salé tout ce qui m'a paru le plus intéressant, et j'ai tâché d'expliquer les raisons pour lesquelles j'attribue à ces villes une grande importance, au point de vue de la question de guerre encore pendante en ce moment. Mais, comme dans les milliers d'articles publiés depuis quelques mois par la presse européenne, touchant cette question, l'on ne trouve pas le nom de ces deux villes mentionné une seule fois, même en passant, on sera tenté peut-être de suspecter la vérité et l'exactitude de mes observations. Je crois donc qu'il est de mon devoir, de déclarer sur l'honneur que je n'ai inventé ni Rbat ni Salé, et que si l'on veut prendre la peine d'aller au point d'intersection du 33ᵉ degré de latitude nord, avec le 10ᵉ degré de longitude ouest, on trouvera infailliblement ces deux villes, telles que je les ai décrites.

Les personnes qui ont lu certains romans écrits sur le Maroc, romans où le chibouk et le café jouent un si grand rôle, seront aussi étonnées et peut-être scandalisées que je n'aie pas une seule fois, dans mon récit, mentionné le chibouk, et que j'aie donné la prééminence au thé sur le café. Je dois déclarer encore qu'il y aurait injustice à m'imputer un désappointement dont je suis du reste affligé. Les Maures ne font d'aucune manière usage du tabac. Seulement, les chameliers et les muletiers fument une herbe dont le nom m'échappe en ce moment, dans des pipes très petites qui ressemblent beaucoup moins au chibouk oriental, qu'au prosaïque *brûle-gueule* français. L'usage de ce narcotique violent et abrutissant est un vice fort peu répandu, et relégué dans les classes infimes de la population. Quant au café, bien que les Maures s'en montrent friands, la consommation en est bien moindre au Maroc que celle du thé, probablement parce que le prix de la première de ces denrées y étant beaucoup plus élevé que celui de la seconde, le goût a fini par s'accommoder généralement de la préférence fondée sur l'économie.

Cela posé, il me reste à conter comment je réussis à quitter Rbat avant l'arrivée du kaïd Faradji, et la pacification des Beni-Hacen. Le hasard, à qui j'avais dû tant de visites, conduisit un jour chez moi Sidi-Mebiddi, lieutenant du kâïd de la Mâmora. La Mâmora est une citadelle bâtie à quelques lieues de Salé, sur l'embouchure du Sbou, à l'endroit même où l'on traverse cette rivière pour aller de Salé à Tanger et à Tétouan. Cette circonstance m'amena tout naturellement à questionner Sidi-Mehiddi sur les dangers du passage, et à lui parler de mes ennuis et du vif désir que j'avais de sortir de captivité. Quoique dévouée au sultan, la garnison de la Mâmora avait conservé des relations avec les Beni-Hacen ; et Sidi-Mehiddi comptait en tirer parti pour obtenir d'eux en ma faveur un sauf-conduit qu'il se faisait fort de leur arracher par adresse ou par force, s'ils résistaient à ses sollicitations. Il prévoyait bien pour moi quelques dangers, mais il espérait qu'avec des armes, de bonnes montures et une escorte d'hommes déterminés, nous trouverions aisément un moyen de forcer le passage. L'air franc, résolu et courageux de Sidi-Mehiddi me décida à tenter l'aventure. Nous eûmes beaucoup de peine à vaincre la résistance du kâïd Soussy. Mais comme lui-même avait la plus grande confiance dans la prudence et dans la bravoure de Sidi-Mehiddi, il céda enfin à nos instances et nous laissa partir.

V.

DÉPART POUR MAMORA.

Enfin me voilà sorti de Rbat. Après une heure de tumulte causé par l'embarquement et le débarquement du bagage et des animaux, au milieu de la foule de curieux pressée autour de nous sur l'une et l'autre rive, voilà le Bou-Regreg franchi, et ma petite caravane lancée sur la route de Tanger.

Nous étions au nombre de huit. Trois cavaliers de Mâmora, sous les ordres du kaïd Mehiddi, eux aussi décorés du titre de kaïd, parce qu'ils faisaient partie d'un corps d'élite, formaient, rangés en croix, la tête, et les deux ailes de la caravane. Mes effets, les provisions et la tente étaient portés par deux mules, qui marchaient au centre, montées, l'une par l'*arriero* (muletier) Mohammed, l'autre par mon domestique Jousouah. Le cuisinier Léon suivait à cheval, chargé de mon fusil, du sien et des ustensiles indispensables à ses fonctions. Moi, j'occupais, à l'arrière-garde, le poste d'honneur à la droite de Sidi-Mehiddi. Mes quatre kaïds, montés sur de jolis chevaux, élégamment équipés et armés d'escopettes, de chablas (sabres) et de kandjyars (poignards), avaient une contenance imposante. Mohammed était un pauvre campagnard stupide, de qui il ne fallait rien craindre, ni rien espérer. Léon et Jousouah, qui remplaçaient Manuelo et Haïm, s'étaient imposé la tâche de justifier, par leur courage et par leur savoir-faire, le mépris qu'ils affichaient pour leurs malheureux prédécesseurs, encore malades à Rbat de l'effroi des Zahires. Mais, à dire vrai, cette tâche me paraissait plus difficile pour eux qu'ils ne l'imaginaient. Jousouah était un homme jeune encore, taillé carrément, vigoureusement musclé, aux traits forts, à la barbe rude, aux épais sourcils, réunis entre des yeux spirituels et peins de feu : mais il appartenait à cette caste juive chez qui l'habitude invétérée et les nécessités de l'oppression la plus dure n'ont, au Maroc, laissé se développer les facultés de l'intelligence qu'au prix du complet sacrifice des qualités du cœur. Toutefois, il y avait sur cette physionomie une expression d'énergie et de sensibilité qui me plaisait, et dont je connus plus tard le secret. Léon, que j'avais amené de Tanger, et laissé à Rbat durant mon excursion à Dar-Beïda, était un jeune Parisien blond, frêle, petit, intelligent, alerte, ne doutant de rien, mais malheureusement pour nous deux, portant en lui deux êtres antipathiques : le cuisinier et l'ex-artiste fabricant d'ouvrages en cheveux. Dans la lutte continuelle qui agitait cette tête, le cuisinier, homme actif, habile, raisonnable, positif, avait trop souvent le désavantage sur l'artiste capricieux, bizarre, nonchalant, prompt à perdre la présence d'esprit et le jugement. Je lui pardonnais de fredonner tout le jour les airs de Nourrit et de Rubini. « Quels chanteurs que ceux-là ! me disait-il en croisant ses bras sur sa poitrine ; et comme ça vous attaquait la difficulté sans se gêner ! mais, oui, monsieur, sans se gêner ! » Je lui pardonnais de dessiner toujours, sur ses crèmes et sur ses pâtisseries, des saules pleureurs, des colombes qui se becquetaient, des chiffres amoureux et autres gracieusetés bucoliques, souvenir de son premier métier. Mais je ne lui pardonnais pas d'oublier à la chasse l'heure du dîner ; de monter à cheval comme un amiral, et d'avoir toujours besoin de mon intervention pour se tirer des querelles que lui suscitait constamment son intolérable affectation d'homme civilisé. Quoi qu'il en soit, nous étions abondamment pourvus d'armes et de munitions ; nous avions d'excellentes montures, et j'espérais n'en être pas réduit encore à rebrousser chemin.

En sortant des sables qui entourent Salé du côté de la rivière, le chemin se trouve encaissé entre les haies vives des jardins et le fossé de la ville à demi-comblé et presque entièrement caché sous les immondices et sous les herbes qui l'ont envahi. Après avoir longé le rempart jusqu'à la porte de Fès, il fait un coude et se développe largement sur un terrain couvert de jardins, de cotonniers et d'arbres fruitiers dont les haies sont brusquement interrompues çà et là par des carrières de grès et de poudingues friables qui servent aux constructions des deux villes. Bientôt la route arrive au pied d'un grand aqueduc porté sur une cinquantaine de hautes et larges arcades en pierre rougeâtre, et passant sous la principale arcade où se trouve une fontaine, elle débouche dans une plaine très-étendue. Là, elle s'éparpille en petits sentiers, rubans étroits et sinueux de sable rouge que séparent entre eux des îles de gazon et des bancs de calcaire gris mis à nu par les pluies. A droite et à gauche une végétation vigoureuse lutte avec énergie contre les sables, contre la roche qui cherche à percer le terrain dont elle fait la charpente, et contre les anciennes constructions dont les décombres ruissellent en flots jaunâtres à travers la verdure. Ce sont des chênes nains, des pins parasol, des oliviers, des figuiers, des cactus, des aloès, ici réunis en bouquet, là jetés pêle-mêle et formant un bois épais; plus loin, rangés symétriquement autour d'un tombeau ou d'une villa ruinée, tantôt isolés au milieu d'un espace aride, tantôt liés entre eux par des guirlandes de vignes; les uns décrépits, crevassés et creusés par la foudre, les autres vigoureux sous un manteau de mousse et de plantes grimpantes. Puis, en se rapprochant de la mer, le chemin s'engage dans un défilé formé d'un côté par les dunes, de l'autre par des monticules arides et nus.

Là, à mi-chemin de Salé et de la Mâmora, on aperçoit

de loin un grand chêne, le seul arbre de la vallée, dont les branches noueuses s'étendent sur un puits aujourd'hui comblé et sur un large bassin quadrangulaire, ancienne maçonnerie dont le délabrement est caché par une bordure de lauriers-roses. Cet endroit a pour nom Dour-Zim, et sur le voyageur du Maroc la vue de Dour-Zim produit la même impression que celle du pont Saint-Esprit sur le voyageur du Rhône. Dès qu'on l'aperçoit, l'attention se concentre sur lui, le cœur bat et l'on se dit avec anxiété : Passerons-nous ou ne passerons-nous pas ? C'est que Dour-Zim est le poste où les *sbantott* et les voleurs de profession se tiennent ordinairement en embuscade pour arrêter les caravanes, et l'endroit ne saurait être mieux choisi : du haut de l'arbre ils découvrent la route dans tous les sens et à une grande distance, et peuvent ainsi, longtemps à l'avance, apprécier la force de leurs adversaires et calculer leur coup. Quand l'attaque a été décidée, un homme reste posté en sentinelle pour donner le signal, et les autres se tiennent blottis au fond du bassin, d'où ils ne s'élancent qu'au moment où la caravane surprise n'a plus le temps de fuir. Adossés contre des dunes escarpées, ils n'ont de ce côté aucune surprise à redouter, et sur le bord opposé de la route, à peu de distance, derrière les monticules qui la dominent, s'élève la forêt de la Mâmora, asile impénétrable où le butin se trouve promptement mis à couvert, et où, dans tous les cas, les soldats du sultan doivent renoncer à les poursuivre. .

Si par hasard les bandits se trouvent eux-mêmes surpris par une caravane puissamment escortée, vous les voyez tout à coup se ranger en cercle au fond du bassin dans l'attitude d'amateurs de la *villeggiatura* qui prennent gaîment un repas champêtre ; et, dans cette posture honnête, ils narguent impunément les soldats de leur maître. Car dans un pays, où tout citoyen s'est fait ou se fera, selon les circonstances, voleur de grand chemin, et où les soldats eux-mêmes sont, sous ce rapport surtout, citoyens au même titre que tous, la justice ne peut sévir que dans les cas de flagrant délit. Aussi, ne pouvant atteindre les coupables, le gouvernement impute-t-il la responsabilité des crimes commis dans la campagne, aux populations les plus voisines de l'endroit où le méfait a été accompli. Mais ce réglement ne s'applique qu'aux délits commis entre le lever et le coucher du soleil; si bien que le grand astre à peine descendu derrière les montagnes, la campagne et les chemins se trouvent livrés aux larrons. Le voyageur doit donc prendre ses mesures pour faire halte avant le coucher du soleil dans un douar; et, à cette condition, le douar tout entier répond de sa personne et de son bagage jusqu'au lendemain.

Dès que nous fûmes en vue de Dour-Zim, nous aperçûmes au pied du chêne une tache blanchâtre, qui paraissait immobile : « C'est un homme, dit le kâïd Mehiddi, un homme adossé contre l'arbre. » A ce mot, Jousouah pâlit, Léon se releva deux ou trois fois sur ses étriers, comme pour mieux prendre possession de sa monture, et Mohammed promena stupidement les yeux de l'un à l'autre de nos soldats pour épier l'expression de leur physionomie. Aussitôt, sur un geste de Mehiddi, deux d'entre eux partirent au galop, en brandissant leur escopette, et nous les suivîmes d'un pas ralenti. En quelques minutes, ils furent arrivés sous l'arbre, et bientôt après nous les vîmes descendre de cheval. « Allons! » dit Mehiddi, et nous piquâmes vers eux. Le personnage qui nous avait paru suspect, n'était certes pas fait pour inspirer de l'inquiétude. C'était un bon vieillard, au front chauve, à la barbe blanche, qui s'était arrêté là pour reprendre haleine, appuyé sur son bâton d'aloès; et le hasard me fit trouver en lui une ancienne connaissance de Dar-Beida. Il m'avait donné l'hospitalité dans sa cabane; je l'avais reçu et traité dans mon pavillon, deux circonstances qui, selon les mœurs du pays, devaient nous lier d'une indissoluble amitié. Il vint à moi, me serra la main, et m'invita à me reposer un instant auprès de lui. Toute la caravane prit pied; et pendant que je déjeûnais seul avec Léon et Jousouah, car c'était alors l'époque du Rhamadan, grand carême de trente jours, durant lesquels les Musulmans ne peuvent ni manger, ni boire, ni fumer, depuis le lever jusqu'au coucher du soleil, Mehiddi se fit raconter par le vieillard les nouvelles qu'il avait recueillies sur la route. Il nous apprit que la révolte des Beni-Haçen était à peu près apaisée, que les petites avanies duraient encore, et par petites il entendait celles qui retombent sur les douars étrangers à la querelle, et sur les caravanes. De telle sorte que si le danger ne se trouvait pas à Dour-Zim, nous avions encore la chance de le rencontrer un peu plus loin.

Ces nouvelles n'étant pas fort rassurantes, Mehiddi pressa le départ, et il fallut en toute hâte nous remettre en selle, et ici survint un incident digne des temps antiques. Au moment où Jousouah m'amena mon cheval, je vis le vieillard courir à l'étrier, dans l'intention de me le présenter. Confus de cette marque de déférence, si étonnante de la part d'un Maure à l'égard d'un Chrétien, je refusai de l'accepter. Il insiste; mais je me montrai plus obstiné que lui, et d'un ton tout-à-fait biblique : « Mon père, lui dis-je, Dieu et ces hommes voient la couleur de tes cheveux et la couleur des miens, et je ne veux rougir ni devant Dieu, ni devant ces hommes. — Eh bien! répondit le vieillard vivement ému, que Dieu te bénisse, et que ces hommes prennent soin de toi! » Je pressai cordialement sa main; tous mes compagnons échangèrent avec lui les *selam* les plus affectueux, et nous partîmes au grand trot.

Au sortir du défilé de Dour-Zim se présente une colline boisée, au pied de laquelle le chemin se divise en trois branches. L'une, large et belle, va chercher le Sbou à travers la plaine, et le franchit à sept ou huit lieues plus loin; c'est celle qui mène à Meknès et à Fès. Les autres qui, toutes deux aboutissent à la Mâmora, gravissent la colline, l'une par le versant qui regarde la terre, l'autre par le versant qui fait face à la mer. Celle-ci est moins unie, mais un peu plus courte que la première, et c'est celle que nous primes. Du haut du plateau où ces deux chemins se séparent, pour ne plus se rejoindre qu'à la Mâmora, on jouit d'un coup d'œil magnifique. A droite, l'Océan et les ondulations de la plage; en face, le paysage pittoresque au fond duquel se cache Salé; à gauche, la plaine sillonnée par les méandres de la route et bornée à l'horizon par la forêt qui s'étend à perte de vue. L'espèce de gland long, charnu et savoureux qui, en Afrique, et même en Espagne, fait concurrence à la châtaigne, est le seul produit que les Maures retirent de cette magnifique forêt, où les chantiers de construction navale pourraient trouver de si riches produits. La cognée ose à peine se hasarder sur la lisière, et l'intérieur est entièrement abandonné aux sangliers et aux chacals, que les soldats de la forteresse vont rarement troubler dans leur repaire.

On conçoit du reste l'indifférence des Maures à l'égard du sanglier, car à la manière dont ils font cette chasse, et au peu de profit qu'ils en retirent, elle ne peut pas offrir beaucoup d'attrait. Leur tactique consiste à s'embusquer le soir, près de la source où le sanglier doit venir s'abreuver; et là, cachés dans un buisson ou dans le creux d'un rocher, ils attendent patiemment qu'il arrive et tirent sur lui sans danger. Ici se borne leur facile et inutile triomphe, car la même loi qui leur défend l'usage de cette chair, leur interdit aussi de trafiquer de la chair défendue. Si bien que lorsqu'ils rencontrent par hasard un chrétien disposé à se régaler de leur chasse, ils sont obligés de la lui livrer ce qu'ils appellent gratis, c'est-à-dire qu'au lieu d'argent, ils reçoivent en échange une certaine quantité de poudre.

C'est d'après ce même procédé de conscience que le sultan Abd-er-Rahman a éludé la loi qui défend de vendre aux infidèles l'exportation de la laine. Ce commerce fut permis, dans le principe, moyennant la contribution d'une livre de poudre par quintal de laine. A cette contribution portée plus tard au double, on a enfin ajouté un droit payable en argent qui, d'année en année, s'est élevé à 40 ou 50 pour cent de la valeur de la laine. Or, aux yeux des casuistes, c'est seulement dans la perception de la poudre que consiste ce droit ; et ce droit est légitime, en ce que, sans contrarier la lettre de la loi, il oblige les infidèles à fournir eux-mêmes aux vrais croyans le moyen de les combattre ; et quant à la perception de l'argent, ils la considèrent comme un don complémentaire. Ceci prouve que l'art de trouver avec le ciel des accommodemens est encore une de ces inventions dont nous, gens civilisés, nous nous attribuons à tort le mérite. Escobar trouverait encore quelque chose à apprendre auprès des casuistes musulmans, et peut-être, qui sait, auprès des docteurs juifs.

Au sujet de ces derniers, je pourrais citer bien des exemples d'habileté *casuistique* ; je me bornerai à un seul. Entre les fêtes solennisées par les Hébreux, il en est une durant laquelle Moïse leur a ordonné de ne pas envelopper leurs pieds de cuir, c'est-à-dire tout simplement d'aller nu-pieds, et c'est ainsi que le pauvre peuple a entendu la loi ; mais non pas les docteurs et les notables au pied délicat.

Ces messieurs portent ce jour-là des souliers de feutre, et se rendent à la synagogue même, avec cette chaussure, sans que leur conscience s'émeuve, par l'excellente raison que le feutre n'est pas cuir. Mais ces mêmes docteurs, qui osent marchander avec leur Dieu une journée de pénitence, se gardent bien d'éluder la loi maure, qui leur ordonne de se déchausser devant la mosquée, devant le pavillon impérial, et en présence des magistrats. Que de gens courageux envers le ciel sont lâches envers les hommes! Mais comment, à propos de sangliers, en suis-je venu à parler des docteurs de la loi?

La chasse au chakal n'a pas pour les Maures les mêmes inconvéniens que l'autre, parce que le Coran ne défend pas l'usage de cette chair : la seule difficulté pour eux est de la digérer.

Un soir, dans un douar, nos hôtes nous firent la galanterie de nous servir un plat de kouskoussou au chakal, et Léon eût l'impolitesse de leur déclarer qu'il aimait tout autant le kouskoussou aux babouches. « Et comment ferais-tu, lui dis-je alors, prétentieux personnage, si tu avais à vivre dans l'Atlas, où l'on ne se nourrit que de chair de chameau. — Monsieur veut se moquer de moi, répondit Léon avec un sourire très fin.

— Comment cela?

— Nous savons fort bien que l'histoire de l'Atlas est tout bonnement une plaisanterie.

— Ah!

— Oui, une plaisanterie dont les voyageurs ont voulu récréer le bon public; mais comme nous sommes voyageurs, au même titre que personne au monde, ce n'est pas à nous qu'il faut en conter.

— Et quelles sont tes raisons pour nier l'Atlas?

— De raison qui me soit propre, je n'en ai qu'une, et il est possible qu'elle ne paraisse pas bien bonne à Monsieur : c'est qu'un pays où l'on ne se nourrit que de chair de chameau est *moralement* impossible. Mais j'en ai d'autres encore que je tiens de six officiers de marine, que j'écoutais un jour causant à table. Ces six officiers de marine soutenaient, que dans toutes les excursions faites en Algérie, on n'a jamais aperçu l'Atlas. Depuis que nous sommes au Maroc, nous n'avons jamais eu non plus cet avantage, et si jamais personne n'a vu l'Atlas, qui peut soutenir qu'il existe?

— Et ces montagnes que nous avons vues, et que nous reverrons dans deux jours dans le Gharb?

— Ça des montagnes? Ce sont de plates petites collines qui ne méritent pas de s'appeler l'Atlas.

VI.

MAMORA.

VISITE DANS LE HAREM. — UNE FANTASIA.

Enfin la Mâmora nous est apparue assise au haut d'un mamelon d'où les fortifications descendent jusqu'à la mer. Il est trois heures, le temps est superbe, le soleil ardent; mais de gros nuages noirs s'élèvent lentement sur l'horizon du côté du nord-ouest, et les eaux du Sbou, en se heurtant contre les vagues de l'Océan, sur les bas-fonds dont son embouchure est obstruée, poussent des mugissemens sourds qui retentissent au loin. Nous pressons le pas; un de nos soldats prend les devans pour annoncer notre arrivée, et bientôt nous sommes parvenus au pied du mamelon que couronne la forteresse. Vue de là, elle a encore l'aspect imposant que lui donnèrent les architectes portugais à une époque où ils ne se doutaient pas qu'ils travaillaient pour les Maures. Ses murailles hautes, épaisses, semblent enracinées dans le roc. Le portail est garni de doubles portes ferrées auxquelles on arrive par un sentier sinueux et ardu. Du côté de la rivière, la colline, taillée à pic, élève le rempart à une hauteur de plus de 200 toises. A la base de la colline se trouve une forte batterie circulaire encore parfaitement conservée, qui fait face à la fois à la rivière, à la mer et à la route de Salé, et, remontant de chaque côté, va se relier à la forteresse. Cette enceinte était jadis occupée par une ville, dont il ne reste que d'insignifians vestiges. Du côté où la colline se rattache à la chaîne, dont elle forme le dernier cap, les abords de la citadelle sont couverts par la forêt, dont la lisière touche presque aux remparts.

I . Mâmora, située à quelques heures de Salé, à deux journées de marche de Meknês, d'El-kasr et d'El-Araich, placée au point de section des principales routes par lesquelles le nord communique avec le sud, et sur l'embouchure d'une rivière que de petits bateaux pourraient en hiver remonter jusqu'à Meknês, offrait alors au commerce des avantages qui se trouvent annulés aujourd'hui par les difficultés de la barre, devenue infranchissable, même aux petits navires. Aussi la Mâmora n'est-elle plus qu'un poste militaire et une hôtellerie où l'on compte à peine cent cinquante cabanes, occupées, en majeure partie, par la garnison. On y trouve pourtant une mosquée et quelques maisons en pierre dont la principale, occupée par le gouverneur, est assise sur le point culminant de l'enceinte. A cette maison est attaché un petit pavillon, précédé d'une galerie soutenue par trois colonnes, et qui fait face à la rivière. C'est pour le gouverneur un lieu de plaisance qui sert à la fois de salle d'audience et de palais de justice. Une natte en fait l'ornement et l'ameublement. C'est là qu'embarrassé de me trouver un pied à terre plus commode, le gouverneur me fit la galanterie de m'installer. Ma tente fût dressée, non loin de là, en pleine rue, pour ma suite. Nos chevaux eurent place dans les écuries du gouverneur, et tous les esclaves du palais se mirent en mouvement pour préparer le repas que l'on devait me servir au coucher du soleil.

On juge par cet accueil que mon arrivée dût être un événement pour la population de la Mâmora. Et, en effet, il y eut grande rumeur : des groupes nombreux stationnaient devant le pavillon pour me voir, et je me montrai avec d'autant plus de complaisance, qu'il n'y avait pas moyen de rester dans l'appartement, tant il ressemblait à une cage. Je dois dire aussi que ce court séjour à la Mâmora a été un des épisodes les plus intéressans de mon voyage, car c'est là que, pour la première et dernière fois, on daigna me recevoir officiellement dans un harem musulman.

D'abord je fus admis à présenter mes hommages à la mère du gouverneur; c'était une femme de quarante-cinq ans, belle du souvenir de sa beauté, que l'âge respectait encore. Je la trouvai assise, les jambes croisées sur un tapis, au centre de l'appartement, et dédaignant d'appuyer sa taille, forte et droite, sur les coussins en cuir dont elle était entourée. Deux larges agraffes en argent retenaient sur sa poitrine un manteau de fine laine dont les plis ondoyaient sur le tapis, et des bras encore fort beaux, sortant d'une chemise de mousseline à larges raies blanches, rouges et bleues, s'appuyaient avec coquetterie sur ses genoux. Dans un coin de l'appartement, des esclaves accroupies étaient occupées à triturer du blé entre deux petites meules, unies par l'axe en bois autour duquel l'une tournait sur l'autre. D'autres tamisaient la semouille, la mouillaient et lui donnaient le grain qui la transforme en kouskous. Quelques-unes faisaient des vermicelles avec de la pâte roulée autour d'un tuyau de paille qu'elles frottaient contre une planche. Un enfant de six ans courait en chemise çà et là, promenant de l'une à l'autre ses agaceries. Autour de la maîtresse du logis, deux jeunes filles de seize à dix-neuf ans se tenaient debout dans une attitude respectueuse et confuse comme si elles venaient d'être grondées.

Le long voile de mousseline blanche qui les enveloppait de la tête aux pieds ne cachait ni les souples contours de leur taille, ni leurs jolis traits colorés par la honte. C'étaient les sœurs du gouverneur. Aussi long-temps que dura ma visite, elles restèrent debout, les bras croisés, et osant à peine de temps en temps lever sur moi des yeux que le regard sévère de leur mère ramenait subitement vers le sol. Celle-ci me reçut avec une politesse et avec une dignité à laquelle je ne m'attendais pas ; elle me fit asseoir sur un coussin auprès d'elle, et m'adressa une foule de questions sur mon pays, sur ma mère et sur mon état de célibataire. Mais de tout ce que je lui dis sur le célibat, elle ne comprit pas un seul mot.

En sortant de son appartement, je passai dans celui de sa bru. Cet appartement était une toute petite pièce, où le jour n'avait jamais pénétré, et qu'éclairait une lampe de verre suspendue au plancher par une chaîne de cuivre. Un grand nombre de petites glaces, accrochées sans symétrie aux murailles, se renvoyaient l'une à l'autre cette clarté funèbre : et dans ces petites glaces, fort communes du reste, se résumait tout le luxe et tout le confort du plus élégant boudoir de la Mâmora. Dans un coin, une jeune femme était étendue sur un matelas en drap écarlate, le dos appuyé sur des coussins en cuir doré, et les pieds abrités sous une étoffe de laine blanche.

Deux chemises à larges manches, l'une en mousseline blanche, l'autre en drap bleu, bordé d'un galon d'or, toutes deux largement échancrées sur la poitrine, composaient son costume, que complétait un châle rouge roulé autour de sa ceinture. Des grains de corail ornaient son col, ses oreilles et ses bras, et ses longs cheveux noirs, divisés en deux tresses, étaient arrangés en turban, autour d'une calote rouge posée sur sa tête. C'était la femme du gouverneur. A son attitude languissante, à la pâleur de ses traits plombés par la blafarde clarté de la lampe, je vis qu'elle était malade, et la nature de son mal me fut révélée par les vagissemens tout primitifs d'un marmot qu'une vieille négresse, accroupie au chevet du lit, berçait entre ses bras.

Deux autres enfans en bas-âge se vautraient nus sur le matelas, aux pieds de leur mère, et à défaut d'autre siége, ils durent me faire un peu de place auprès d'eux. Comme bon gré, malgré, j'avais toujours dû me soumettre à être traité en médecin, j'usai des priviléges de mon titre pour considérer à loisir les beaux yeux et la jolie bouche de la malade. Je lui tâtai le pouls pour lui complaire, et lui donnai quelques conseils hygiéniques dont elle me remercia avec beaucoup de grâce. Sur ces entrefaites, survint le gouverneur, qui s'assit tout joyeux auprès de la négresse, et à la joie du père, je devinai le sexe de l'enfant. C'était un garçon; circonstance fort heureuse, à laquelle bien plus qu'à aucune autre j'étais redevable du charmant accueil que j'avais reçu. Car si sa femme avait eu la maladresse de lui donner une fille, le brave militaire aurait boudé longtemps : j'aurais passé inaperçu, et certes alors il n'eût pas été tenté de me montrer son harem.

A dire vrai, je m'attendais à quelque chose de mieux. Les gens possédés de la triste manie de tenir des oiseaux en cage cherchent parfois à consoler leurs pauvres petits captifs par l'illusion et par le confort, en dorant les barreaux de leur prison, en l'entourant de branches d'arbre, et en la fournissant abondamment de friandises. Il est douloureux de voir que la captivité des femmes au Maroc a pas même cette compensation.

Chez le riche comme chez le pauvre, leur cage est grossière, obscure, souvent fort sale, et aucune espèce d'agrément n'y vient distraire et varier des sensations qui, pour elles, se résument toutes dans le bonheur négatif de procréer des enfans et de faire la cuisine. Il n'y a parmi elles ni réunions, ni amitiés. Les femmes riches passent quelquefois six mois sans sortir de chez elles. Ainsi les relations mêmes de famille se trouvent relâchées et brisées par l'isolement de la femme, qui, en définitive, aboutit à l'isolement de l'homme lui-même.

L'insigne faveur que venait de m'accorder le gouverneur en m'ouvrant les portes de son harem, n'avait pas épuisé les ressources de son amabilité. Il m'invita à assister avant le souper à une *fantasia*, suivie d'une course de chevaux, qu'il avait ordonnée à mon intention, et j'acceptai avec empresement, car, pour n'être pas nouveau, ce spectacle ne laissait pas de me paraître toujours fort divertissant. L'ordre à peine donné, la cité de la Mâmora s'agite et se lève comme un seul homme ; chevaux, ânes mulets sont bien ou mal sellés, harnachés en un instant, et bientôt toute la population, débouchant pêle-mêle par l'unique portail de la citadelle, descend la colline en désordre pour gagner la plage, aux cris de toutes les femmes, qui, du haut du rempart, excitent la vaillance de leurs pères, de leurs enfans, de leurs maris et de leurs frères. La garnison défile ensuite en bon ordre, divisée en six compagnies de vingt-cinq hommes, précédée chacune de son étendard. Je monte moi-même à cheval avec le gouverneur, et nous arrivons au bord du fleuve : on n'attendait plus que nous pour commencer.

C'est d'abord la fantasia militaire, ou jeu de la poudre, exercice qui reproduit toutes les évolutions de la cavalerie en bataille. L'escadron s'est formé derrière un monticule. Au signal donné, une compagnie s'élance et fournit d'abord au grand trot, puis au grand galop, une carrière de cinq à six cents pas.

Les vingt-cinq cavaliers, rangés sur une seule ligne, tiennent l'escopette de la main gauche, la brandissent quelque temps, puis, debout sur les étriers, couchent en joue et tirent sans abandonner les longues rênes qui sont roulées autour du poignet droit. Aussitôt ils se remettent en selle, s'arrêtent subitement, et, par une brusque conversion, s'en retournent au pas vers le point de départ en rechargeant leurs escopettes. Cependant la seconde compagnie a déjà pris, dans la carrière, la place de la première, et elle est suivie de près par la troisième et la quatrième, puis enfin par la cinquième et par la sixième. Pendant que celle-ci exécute l'évolution, la première a rechargé ses armes, repris son rang, et elle renouvelle la charge, qui se prolonge ainsi indéfiniment.

C'est dans cette simple manœuvre, continuée sans interruption, et toujours la même pour une grande comme pour une petite armée, que consiste chez les Maures l'art de combattre. Après avoir donné en masse, chaque compagnie se divisait en troupe de cinq à huit hommes, qui tour à tour se défiaient à la course et luttaient d'adresse et d'agilité; les uns abandonnant les rênes et guidant leur cheval des genoux ; les autres faisant tourner rapidement leur fusil au-dessus de leur tête; puis, mettant en joue et tirant d'une seul main ; d'autres jetant leur babouche par terre et les ramassant du haut ducheval, sans ralentir leur course.

A chaque tour d'adresse, un immense hourra partait de la foule des bourgeois, réduite jusqu'alors au rôle de spectateur, hourra auquel l'émulation et l'impatience donnaient encore plus de force que l'admiration. Enfin leur tour vint, à leur grande satisfaction et à la mienne.

Sitôt que les militaires, rangés autour du kaïd gouverneur, ont abandonné la carrière aux bourgeois, on la voit envahie par la plus burlesque cavalerie que jamais aient inventé les fantaisies du carnaval. Dans cette admirable galerie d'animaux, toutes les races de chevaux, d'ânes et de mulets, toutes les formes, toutes les couleurs, tous les âges, tous les sexes, toutes les conditions étaient représentés. Chevaux de selle, chevaux de somme, et chevaux de moulin ; ânes jardiniers, ânes porteurs d'eau, ânes voyageurs ; mules de maître, mules de louage et de caravane ; poulains et pouliches de deux à trois ans, vieilles rosses borgnes et aveugles, montrant les dents, clignant l'œil, tirant la langue, et déjà réduites littéralement à l'état de squelette; grandes bêtes perchées sur de hautes jambes, et poneys qui disparaissaient dans la foule; les uns caparaçonnés de courvertures, de sacs de moulin ou de nattes; les autres affublés de vieilles selles et de bâts éventrés; les uns montés par des enfans de 6 à 8 ans, les autres par des vieillards, tout cela s'élança dans la carrière en même temps, au milieu d'un vacarme assourdissant.

Quels crayons il faudrait pour décrire cette indescriptible scène! Comment peindre le feu qui sortait de tous ces yeux, les cris qui s'exhalaient de toutes ces bouches, l'ardeur frénétique qui agitait tous ces bras, et heurtait tous ces genoux contre les flancs des malheureux animaux? Comment dire l'insolente joie de ceux qui gagnaient les devans, le dépit de leurs concurrens embourbés, la rage de ceux qui, réduits à des chevaux de moulin, ne parvenaient pas à quitter le mouvement circulaire pour suivre la ligne droite, le désespoir de ceux qui ne pouvaient pas faire un seul pas en avant, et qui, à force de frapper leur monture, finissaient par la voir se coucher tout doucement sur l'arène. Terribles chocs, chûtes comiques, rixes, grincemens de dents mêlés à des rires bruyans, jamais je n'avais vu spectacle plus bouffon, et ri de meilleur cœur.

Les coureurs, de plus en plus ardens, avaient déjà parcouru trois ou quatre fois l'hippodrome, quand le canon annonça le coucher du soleil. Le muezzin appelant les fidèles à la prière du soir, le gouverneur donna le signal du départ, et on s'en retourna comme on était venu.

Après la prière et les ablutions, on me servit un copieux repas auquel le gouverneur prit part avec les quatre kâïds, mes compagons de voyage. D'abord on servit du thé; puis vint le kouskous étalé sur des plateaux de métal en immenses tas couronnés de poules et de chapons, qui disparurent avec une effrayante rapidité. Au kouskous succédèrent divers plats de viande, de beignets et de pâtisseries, après lesquels le thé circula de nouveau.

Le gouverneur, poussant la politesse jusqu'à l'exaltation, entassait devant moi des monceaux de volaille qu'il avait dépecés avec les doigts, et des boulettes de kouskous artistement pétries dans ses mains. Mais j'avoue, à ma honte, que je répondis fort mal à tant de prévenances ; j'employai tout ce que j'avais de dextérité à escamoter ses boulettes entre mes jambes. Heureusement pour moi, mon hôte donnait si loyalement l'exemple qu'il m'engageait à suivre, que sa voracité l'empêcha de remarquer mes tours d'adresse, et en définitive nous nous quittâmes bons amis.

Comme nous devions nous remettre en route au point du jour, je pris congé de lui après le souper, je me chargeai des innombrables commissions au moyen desquelles il comptait me faire largement payer son hospitalité, et nous allâmes nous coucher, moi pour dormir jusqu'au jour, lui et ses compagons pour dormir leur sommeil du rhamadan, sommeil trois fois interrompu durant la nuit par la prière et par des repas semblables à celui que nous venions d'achever.

VII.

L'ANCIENNE MAMORA. — EL-K'ASR-EL-KÉBIR.

Au point du jour, nous étions en selle, et les bateliers, devançant pour nous l'heure où commence ordinairement le trajet du fleuve, se trouvaient à leur poste. Le temps était gros; aussi ne fallut-il pas moins d'une demi-heure pour gagner l'autre bord, et, malgré la force herculéenne de nos bateliers, la navigation fut-elle difficile. Ne pouvant, à cause de la marée haute, prendre le sentier taillé dans le roc, par lequel, après avoir longé quelque temps la plage, on remonte jusqu'à la grande route, nous gravîmes la côte dans un champ couvert d'aloès et de bruyères, à travers lequel il fallut errer une heure avant d'atteindre le chemin. Bientôt notre marche, déjà gênée par les inégalités du terrain, fut encore ralentie par la pluie qui commença à tomber à flots. « Ah! me dit Mahiddi, en hochant la tête, *tembo*! *tembo*! » Ce qui, par un concours de tropes assez compliqué, équivalait, dans l'esprit du kaïd, à la phrase espagnole :« Qué mal tiempo!» quel mauvais temps! Ce fut le seul mot qui, durant deux heures, vint de temps en temps interrompre le silence de la caravane. Nos prudentes montures allaient la tête basse, ne s'engageant qu'avec précaution sur un sol tantôt sablonneux et mouvant, tantôt pierreux et ardu, tantôt argileux et bourbeux. La pluie continuait toujours avec la même force, et, sous nos vêtemens, trempés nos membres ruisselaient et grelotaient. Tout autour de nous, la campagne apparaissait nue et déserte ; pas une seule habitation, pas un être animé! Au bout de deux heures, nous aperçûmes, à notre droite, le dôme blanc d'un marabout appelé Ras-el-Dour, la tête ronde, non pas à cause du dôme, mais à cause du mamelon sur lequel il est isolé. La plaine environnante, pourvue d'eau et de bons pâturages, 'est occupée ordinairement par plusieurs douairs, et c'est là que l'on couche, la seconde nuit, en venant d'El-Araich ; mais la guerre civile les avait fait décamper. Craignant que les saintes murailles du marabout ne servissent de repaire à quelques bandits, Mahiddi envoya deux de ses compagnons en reconnaissance. Nous apprimes bientôt que le tombeau se trouvait désert, mais qu'on y avait remarqué les traces d'un repas et d'un feu éteint depuis peu : nouvelle qui parut inspirer de l'inquiétude à Mahiddi qui essaya toutefois de la dissimuler, en répétant d'un air comique son : « Tembo ! Tembo ! »

La route devenant plus unie et plus ferme, il nous fit accélérer le pas. A midi, nous avions atteint une hauteur d'où nous découvrions à notre droite une plaine inculte, parsemée de bouquets d'oliviers et de chênes qui se dessinaient confusément dans le brouillard. Tout à coup l'une de ces touffes, distante au plus d'un quart de lieue, parut fixer vivement l'attention de Mahiddi. Il piqua dans cette direction, s'arrêta un instant, puis revint vers nous au galop, en criant : « Iallah ! Iallah ! » Allons, en avant ! Toutes nos escopettes sortirent de leurs fourreaux ; nos éperons chatouillèrent vivement le flanc de nos montures, qui partirent au galop. « Tembo, Tembo ! » me dit Mahiddi en lançant son cheval, et montrant l'endroit d'où lui venait l'alarme, « il y a là une cinquantaine de cavaliers qui assurément n'ont pas choisi ce poste dans de bonnes intentions. Ne s'attendant pas à voir passer des voyageurs par un temps pareil, ils étaient descendus de cheval pour s'abriter sous ces arbres, mais sitôt qu'ils nous ont aperçus, je les ai vus se mettre en devoir de nous poursuivre. Heureusement, nous avons sur eux l'avantage du terrain et une bonne avance. Leurs chevaux sont engourdis par le froid. S'ils nous atteignent, c'est notre faute. *Allah kerim!* — Tembo! tembo! — Iallah! iallah! » Il ne s'était pas trompé; les cavaliers s'étaient remis en selle. Les plus actifs, au nombre d'une dizaine, avaient pris les devans : les autres arrivaient sur leurs traces, deux à deux, trois à trois, et de minute en minute, le bois vomissait un nouveau cavalier. Les uns voulaient atteindre la route par un angle droit, espérant regagner, par l'avantage du terrain, le temps perdu à ce détour. Les autres, traversant les champs, piquaient droit sur nous : mais ils avaient à lutter contre un terrain difficile; la terre défoncée, des mares et des fossés les obligeaient à chaque instant d'obliquer.

C'était un spectacle assez piquant, que cette course au clocher par un temps pareil, et dans un pareil paysage! Ces sombres nuages qui rasaient la terre, et se fondaient en torrens : ces ravines jaunâtres qui arrivaient des hauteurs voisines en roulant des cailloux dont le bruit se mêlait aux grondemens lointains de l'Océan; ces arbres qui, courbés par l'orage, semblaient fuir derrière nous, aiguillonnés comme nous; ces cavaliers enveloppés de blancs *souhlams*, raidis par la pluie, et dont le capuchon était rabattu sur leur long tarbouch; ces chevaux luisans et ruisselans; tout cela, vu à travers les mille prismes de l'orage, apparaissait avec des formes et avec des tons fantastiques. Jousouah cachait sa face livide sous le capuchon de sa chilaba, et martyrisait sa mule. Léon perdait ses étriers à chaque instant, et se cramponnait à la crinière de son cheval. Nos quatre soldats, tous placés à l'arrière-garde, les stimulaient sans relâche. Et comme, malgré la rapidité de notre course, malgré le temps et l'espace parcouru, le tableau ne semblait pas changé; comme ces cavaliers étaient toujours à nos trousses, cette pluie toujours sur nous, ces bruits toujours les mêmes, comme nous n'avions pas encore rompu le jeûne, j'étais comme en proie à un de ces rêves suffoquans où l'on agite ses membres sans pouvoir quitter la place à laquelle on est fatalement cloué. Ce cauchemar dura trois longues heures, jusqu'au moment où nous quittâmes le territoire des Beni-Hassen, pour entrer sur celui des *Sehlouh*. Un grand douar parut à l'horizon, et cette vue arrêta subitement l'ennemi. Il rebroussa chemin bien à regret sans doute, car ses chevaux échauffés par la course ne pouvaient manquer de reprendre avec le temps l'avantage sur nos mules chargées, mais il craignit d'approcher trop près du puissant douar auquel nous touchions.

Devant ce douar, et non loin du chemin, on voit un boulingrin bordé d'une double allée de platanes. Au bout de ces allées se montrent quelques maisons de pierre recouvertes de chaume, derrière lesquelles se trouvent cachées les tentes en poils de chèvre, qui complètent le douar. Je reconnus, à ces indices, un de ces établissemens, assez rares dans les campagnes du Maroc, auxquels la fertilité des pâturages, l'abondance d'eau douce, et une culture un peu plus avancée permettent de se fixer, et de se développer librement. Celui-ci est situé au bord d'un étang qui, à partir de là, longe la route, dans la direction d'El-Araich, sur une étendue de huit à dix lieues. D'abord resserrée entre des monticules et des chaussées de sable qui la divisent en petites lagunes, cette nappe d'eau finit par se développer sur une largeur de plusieurs lieues, et forme un ac dont on n'aperçoit pas la limite. Les douars voisins communiquent entre eux par des radeaux faits avec des tiges sèches d'aloès liées ensemble en forme de bateau à la proue élevée. Debout au centre du radeau, l'homme le dirige au moyen d'une longue perche, qu'il appuie tantôt au fond, tantôt aux îlots de plantes aquatiques dont l'étang est parsemé, et qui exposent cette navigation à de fréquens échouemens. Dans les petits marais qui avoisinent l'étang, les Maures pêchent l'anguille, la nuit, à la clarté d'une lanterne, en entrant dans l'eau jusqu'à la ceinture, et en agitant la vase avec des bâtons. L'anguille frappée par l'effet simultané de cette clarté, de ces coups et des cris qui les accompagnent, vient se jeter d'elle-même au fond des paniers d'osier qu'on lui présente au bout d'autres bâtons. C'est aussi et principalement dans cet étang que l'on pêche une espèce de sangsues fort estimée en Europe et en Amérique, et dont l'important commerce est devenu, à Tanger et à El-Araich, l'objet d'un monopole très lucratif pour le fermier, ainsi que pour l'empereur. Le procédé de cette pêche est fort simple. Le pêcheur entre tout nu dans l'eau, et s'y tient patiemment jusqu'à ce que les sangsues, alléchées par une pâture inespérée, viennent se précipiter par milliers sur ses jambes, et sur tout son corps. Aussitôt qu'il se sent convenablement étreint et mordu, il sort brusquement de l'étang, emportant avec lui ses bourreaux, qu'il fait ensuite tout doucement tomber dans des sacs, où ils sont transportés à franc étrier dans les villes voisines.

Ce même étang est fréquenté par une innombrable quantité d'oiseaux de diverses espèces, qui, dans certains momens, en couvrent si complètement la surface que de loin l'eau disparait sous une couche de plumes de toutes les couleurs. Un coup de fusil, tiré au hasard, en abat aisément cinq ou six, tant ils sont pressés les uns contre les autres. Aussi, émerveillé à cette vue, et sentant revenir toute son énergie, Léon eût-il voulu faire là quelques provisions pour notre souper; mais la chair de ces oiseaux est si dure et a un goût de poisson si désagréable que sa proposition me tenta fort peu; et malgré ses instances, malgré celles de toute la caravane épuisée de fatigue, je déclarai que je ne voulais m'arrêter qu'au coucher du soleil. Nous tournâmes donc le dos au grand douar. Non loin de là, quelques autres douars moins considérables s'offrirent à nous sans nous arrêter, et bientôt nous nous trouvâmes dans un pays sablonneux et aride, où toute trace d'habitation avait disparu. La pluie avait cessé. Une grande crevasse qui venait de s'ouvrir dans le ciel laissait s'épancher sur le lac les reflets pourprés du soleil couchant. Peu à peu les nuages, s'élevant comme un rideau, découvrirent un horizon magnifique. Le paysage se couvrit d'une teinte dorée ; les sables étincelaient ; les gouttes de pluie suspendues aux roseaux brillaient comme des diamans. Pour des hommes moins mouillés, moins transis, moins affamés, ce spectacle eût été admirable. Enfin, nous aperçûmes au loin, découpés en noir sur un fond violet, les pavillons de cinq tentes, alignées au haut d'un monticule. A cette vue, nos montures, pressées du même désir que nous, prirent d'elles-mêmes le galop, et un quart-d'heure après, nous nous arrêtâmes au milieu d'une vingtaine de chiens qui s'étaient précipités à notre rencontre en aboyant. Le chef de la famille de Sehlouh, qui formait à elle seule toute la population du petit douar vint au-devant de nous d'un air soucieux et renfrogné. Le malheureux campagnard ne voit jamais sans effroi le costume des soldats réguliers ; leur costume annonce toujours l'insolence, les exécutions et les corvées. Le soldat en voyage a le droit d'être hébergé gratis partout où il s'arrête, et non-seulement ses hôtes doivent lui fournir des vivres pour lui et pour son cheval, mais ils répondent encore de tout accident qui pourrait lui arriver pendant qu'il est chez eux. Cette loi rend les Maures de la campagne fort peu gracieux envers les voyageurs escortés de soldats, surtout envers ceux qui arrivent en caravane. Notre Sehlouh alléguait l'exiguité et la misère de son douar pour nous engager à aller chercher un gite plus loin. Mais en dépit de ses remontrances, Mahiddi ordonna le campement.

Ma tente fut dressée derrière le douar, afin que nos regards ne pussent pas pénétrer dans celles de nos hôtes, qui toutes avaient leur entrée du côté du lac. Puis nous demandâmes du bois pour faire sécher nos vêtemens ; on nous répondit, et c'était vrai, qu'il n'y avait ni bois, ni aucun autre combustible. Heureusement Jousouah avait fait une petite provision de charbon qui servit à préparer le souper, sinon à nous réchauffer. Nous demandâmes de l'orge, et on nous répondit encore qu'il serait impossible d'en trouver un grain dans tout le douar. « Il faut pour» tant qu'on en trouve, dit Mahiddi en fronçant le sourcil; » car nos chevaux ont besoin de manger ; et si on n'a pas » d'orge à leur donner, on les nourrira de couscous. » Le pauvre Sehlouh protestait qu'il manquait d'orge aussi bien que de couscous. Il se donnait pour un malheureux père de famille réduit à la misère et dénué de tout; il pérorait, il jurait, il pleurait. Mais sourd à ses protestations, Mahiddi lui montra son sabre, et lui dit : « Par Allah ! nos chevaux ne mourront pas de faim aujourd'hui, dûssent-ils te manger toi et tes cinq tentes. » Quand je vis que l'invincible obstination du campagnard allait lui attirer une scène fâcheuse, je glissai un colonnate dans ses mains, et dix minutes après, nos chevaux, liés à une grosse corde tendue devant la tente, avaient tous la tête plongée dans un sac d'orge. Léon faisait le café sur un fourneau formé par trois pierres arrangées autour d'un trou. Mohammed disposait le bagage et les harnais dans l'intérieur de la tente, et Jousouah faisait la cour aux dames du douar, en leur promettant, au nom du médecin français des consultations gratuites pour obtenir d'elles du lait, des œufs, du couscous, et du pain frais. Or, le pain des villages maures est une feuille de pâte de farine d'orge ou de blé, qui a été appliquée durant cinq minutes contre les parois d'un petit four chauffé avec des broussailles. Sitôt que la pâte, perdant son adhérence à la pierre, est tombée dans la cendre, elle est réputée cuite, et prend assez improprement le nom de pain.

Quand le chef du douar eut la certitude que la consommation lui serait payée sans marchander, il se montra affable, empressé, généreux, et tira peu à peu toutes ses provisions des trous souterrains où il les tenait cachées. Néanmoins, il lui fut impossible de réunir assez de broussailles pour nous faire un grand feu. La pluie ayant pénétré tous nos effets, il ne fallait pas songer à changer de vêtemens. Couverture et matelas, tout était trempé de manière à faire envie à un hydro-sudo-patho. Heureusement, la fatigue et la faim nous vinrent en aide pour chasser le froid. A force de couscous, de café, de thé et de rhum, nous recouvrâmes assez de chaleur pour pouvoir nous endormir, et nous nous endormîmes à la garde du chef du douar, qui, ainsi que son devoir le lui prescrivait, veilla toute la nuit à la porte de la tente, avec une compagnie de chiens.

Le lendemain, avant l'aube, je fus réveillé par le bruit des meules et des rouets mis en mouvement par les femmes. C'est là pour elles le premier travail de la journée. Puis il leur faut traire les vaches, donner l'orge aux chevaux, et aller à la provision du bois et de l'eau. Pour trouver du bois, elles sont quelquefois obligées de faire trois ou quatre lieues, et vous les voyez, l'été, par une chaleur accablante, revenir hâlées, courbées et suantes sous leur fardeau. A ces travaux ordinaires se joignent, suivant la saison, ceux du labour, des semailles, ou de la récolte. L'état de mère et de nourrice ne produit pour elles aucun adoucissement à leur tâche, et, pendant qu'elles l'accomplissent, leur nourrisson les accompagne partout, retenu sur leur dos par un pli de leur jupe de laine, et attaché incessamment à de tristes mamelles flasques et brûlées par le soleil, qu'il tire à lui par-dessous l'aiselle de sa mère. Pendant ce temps, l'homme reste couché dans un superbe repos, dont il sort de temps en temps pour aller au marché, et pour s'occuper des transactions extérieures. Il ne serait pourtant pas exact de dire que l'inactivité des hommes est partout et toujours aussi absolue; mais on peut poser en principe qu'au Maroc, lorsque l'homme dort, la femme travaille : et que, lorsqu'il travaille, la femme s'éreinte.

Au point du jour, nous nous étions déjà remis en marche; et quand le soleil se leva nous n'apercevions déjà plus le douar. Le soleil! Jamais à son aspect créature humaine ne ressentit plus de reconnaissance, plus de joie que nous. Ses rayons généreux ranimaient et détendaient nos membres, assouplissaient nos vêtemens, épanouissaient nos cœurs. Quelle différence entre cette journée et la précédente! Le paysage paraissait transformé, le chemin large, ferme et uni, se faisait jour à travers un épais tapis de gazon émaillé de fleurs; une foule de douars, disséminés à droite et à gauche, étalaient au soleil leurs tentes noires, semblables de loin à une troupe d'oiseaux rangés en cercle dans une prairie; de nombreux troupeaux de bœufs paissaient çà et là, au milieu d'essaims d'oiseaux blancs à huppe jaune, qui voltigeaient entre leurs jambes et se posaient sur leur dos. Autour des douars, des enfans nus couraient en folâtrant, et disparaissaient parfois sous l'herbe; des caravanes de poules et de canards allaient cherchant pâture le long du lac, et les chiens circulaient comme des gardiens vigilans, prêts à s'élancer sur tout étranger qui ferait mine d'approcher des troupeaux ou des habitations. La surface du lac, unie et limpide comme le ciel pur qu'elle réfléchissait, se perdait à l'horizon au milieu d'une brume diaphane, au milieu de laquelle flottaient vaguement des îles de roseaux et de peupliers, aux caps bizarrement taillés.

Vers midi, tous les mouvemens qui animaient cette scène cessèrent peu à peu, et, sous l'action d'une chaleur intense, la nature sembla plongée dans un profond sommeil : tous les habitans des douars étaient rentrés sous les tentes; les bœufs, languissamment accroupis, cachaient leurs têtes sous l'herbe; les chiens faisaient la sieste, le ventre étalé au soleil. Les oiseaux, qui se reposaient sur le lac, paraissaient, dans leur immobilité, comme incrustés dans du cristal. Dans ce moment nous apparut le tombeau de Sidi-Bel-Mansour. C'est une chapelle surmontée d'une coupole et flanquée de deux sveltes minarets, bâtie, je ne sais à quelle époque, à la pointe d'une presqu'île boisée qui s'avance jusqu'au milieu du lac. Vu à pareille heure et au milieu d'un pareil tableau, ce gracieux monument me parut être le mystérieux palais d'où le sommeil régnait sur ces campagnes.

VIII.

ARZILLA.

LE RENÉGAT.

Nous avions toujours en vue le marabout de Sidi-Bel-Mansour; à quatre heures, nous dépassions la limite septentrionale du lac, et nous arrivâmes bientôt au point de jonction des trois routes qui mènent à Tanger : l'une, celle de droite, par El-K'asr; l'autre, celle du milieu, directement par El-Araich; la troisième, par l'ancienne Mâmora et El-Araich. Celle-ci, longeant la mer, à travers un plateau sablonneux et aride, arrive au pied d'un promontoire fort élevé et taillé à pic, au sommet duquel se trouve une goûbba que l'on nomme Sidi-Bou-Sellam. Il faut gravir ce promontoire par un sentier abrupte qui aboutit à l'embouchure de l'ancienne Mâmora. Ce nom d'ancienne Mâmora ne s'applique plus aujourd'hui qu'à un vaste bassin, parfaitement abrité de tous côtés, assez profond pour contenir des vaisseaux de haut-bord, mais entièrement fermé par les sables. Avec le temps, la barre a fini par former une chaussée assez large et assez ferme pour donner passage aux caravanes, et c'est en effet par là que l'on traverse la Mâmora pour reprendre la plage, que l'on suit jusqu'à El-Araich. Mais ce passage n'est praticable qu'au moment de la marée basse; quand revient le flux, les vagues franchissent et recouvrent entièrement la chaussée. La communication entre la mer et le bassin se trouve momentanément établie, et le lac redevient un port, un port dont une nation civilisée pourrait à peu de frais faire le plus beau de l'Océan, et qui, grâce à l'incurie des Maures, se trouve perdu au milieu de terres incultes et inhabitées.

La route du centre mène directement à El-Araich, à travers un pays montueux et boisé où l'on ne rencontre aucun douar, et se termine au milieu des jardins qui ornent les abords de la ville, à une assez grande distance.

Comme l'une et l'autre de ces routes m'étaient connues, nous primes celle d'El-K'asr, que je ne connaissais pas; et, tournant le dos à la mer, nous nous dirigeâmes vers des montagnes qui se détachaient de l'horizon, du côté du nord-est. Après avoir marché encore trois heures, nous plantâmes la tente au milieu d'un riche douar, assis au pied d'une riante colline, où nous passâmes la nuit sans aucun incident remarquable.

Le lendemain nous partimes une heure avant le jour, afin de pouvoir coucher la nuit suivante à Arzilla. Au lever du soleil, nous nous trouvions dans une grande plaine couverte de maïs et de blé; le maïs jaunissant à peine, le blé déjà entassé en gerbes. A dix heures, nous étions arrivés au pied des montagnes que nous apercevions depuis la veille. Au milieu des cailloux que les torrens ont amoncelés, sur le penchant du mont, s'élève le tombeau de je ne sais plus quelle sainte, à l'entrée d'un petit bois de chêne, où se tient, le vendredi, un des plus importans marchés de la province du gharb. Précisément c'était jour de marché; l'affluence était considérable et le tumulte assourdissant; un épais nuage de poussière planait sur cette foule animée comme une fourmilière. Après une halte de dix minutes consacrées à l'achat de quelques provisions, parmi lesquelles je vis avec plaisir figurer des melons blancs, de superbes pastèques et des figues cactus, nous nous mîmes à gravir la montagne. A la vue de ces crêtes hautes et nues de calcaire rougeâtre, Léon, démoralisé par trois jours de fatigue, fit une affreuse grimace et proféra quelques énergiques jurons contre le sentier ardu où nous nous trouvions engagés : «A quoi bon jurer, lui dis-je; nous savons que l'Atlas n'existe pas. » Aussi, ce jour-là, renonça-t-il à son paradoxe ; dans chaque pierre il voyait un rocher, dans chaque ravin un abîme. Pourtant, quatre heures nous suffirent pour franchir la montagne, et au sortir de là nous entrâmes dans la fertile et riante plaine au milieu de laquelle s'élève El-K'asr-el-Kebir (la citadelle grande).

La grande citadelle est aujourd'hui démantelée et ouverte de toutes parts. Les oliviers, les grenadiers, les cactus enracinés sur les vieilles murailles, ont envahi la ville de tous les côtés... Le maïs et le blé arrivent en flots épais jusqu'aux portes des habitations, et c'est grâce à cette invasion de végétaux que ce sale amas de maisons, coupé par des rues étroites et pleines d'immondices, a pris une physionomie intéressante et pittoresque. Des cabanes blanchâtres à demi-cachées au milieu des arbres ; les travaux de la campagne mêlés aux travaux de la ville ; les gerbes de blé entassées aux portes des maisons et battues sur les places publiques ; les bœufs confondus au milieu des chevaux et des chameaux ; des tentes fixées aux pieds des mosquées ; des jardins qui s'élèvent comme des îles au milieu d'une mer de chaume ; trois petites rivières qui poursuivent à travers la plaine le fleuve Lyxos, où elles vont se jeter à peu de distance de la ville ; à l'horizon, des montagnes rougeâtres, sur lesquelles repose un ciel du plus bel azur... tel est le tableau que nous présenta la ville d'El-K'asr, tableau auquel les souvenirs historiques venaient ajouter un intérêt bien plus puissant encore : c'est par là qu'ont passé, durant des siècles, ces innombrables armées de Sarrazins qui inondèrent la péninsule ibérique et menacèrent un instant l'Europe de planter le croissant sur toutes ses cathédrales naissantes. C'est là que Jacoub-el-Mansour, en revenant de l'Espagne, qu'il avait remplie de ses exploits, reçut l'hospitalité dans la cabane d'un pêcheur, et voulut que cette cabane fût transformée en un palais, et que ce palais occupât le centre d'une grande ville. C'est là qu'eut lieu, en 1758, cette terrible bataille des trois rois, où la croix portugaise fut foulée aux pieds des chevaux sarrazins, et où la rivière Ilimmar fut rougie de sang chrétien... Il me semblait voir passer à travers ces champs l'ombre triomphante de Jacoub à côté de l'ombre sanglante de don Sébastien, le dernier champion du christianisme en Afrique, et je me demandai quel parti l'islamisme a su tirer de l'infortune de l'un et des conquêtes de l'autre.

Je me demandai pourquoi ces populations barbares dépérissent au milieu d'une terre si fertile et si belle, pendant que tant de populations civilisées suffoquent dans les coins de terre où elles sont agglomérées. Je me demandai pourquoi la politique européenne, au lieu de s'épuiser en pénibles efforts contre elle-même, ne donne pas à son intelligence et à sa puissance cet aliment de la colonisation qui lui procurerait un si magnifique développement. Ces questions, et d'autres encore, me préoccupèrent tout le long de la route, jusqu'à Arzilla, et aucun accident remarquable ne vint m'en distraire. C'étaient toujours des collines succédant à des collines semblables, des champs de maïs à des champs de maïs, des douars à des douars; parfois une goubba penchée sur une hauteur, un moulin à vent, un bouquet d'oliviers, un vieux chêne isolé au milieu du chaume, apparaissaient comme un épisode gracieux et original au milieu d'un spectacle monotone. Mais, pour des voyageurs qui avaient déjà marché durant treize heures, par une des plus chaudes journées d'été, les épisodes avaient fini par devenir aussi ennuyeux que tout le reste.

Il me tardait d'arriver à Arzilla, de revoir la mer, de saluer le cap Spartel, après la vue duquel je soupirais depuis dix mois. Malheureusement cette joie ne m'était pas réservée pour ce jour-là. Il était déjà tard quand nous nous engageâmes dans la forêt qui avoisine Arzilla, et il faisait nuit quand nous arrivâmes devant le rempart. Il fallut attendre et parlementer pendant une demi-heure avant que le portier de la ville, qui se trouvait on ne savait où, vînt nous ouvrir, et nous entrâmes enfin au triple grincement de la serrure, de la porte et du portier.

Mehiddi, qui s'était mis à la tête de la caravane, nous fit traverser une foule de passages tortueux, des ruelles et des mares infectes, avant de parvenir à une grande cour attenante à une djâma (mosquée) où il nous fut permis de dresser notre tente. Quoiqu'il fût à peine huit heures, toutes les boutiques étaient fermées, toutes les lumières éteintes, toute la ville plongée dans le repos. Les chiens seuls, ces watchmans des villes maures, faisaient leurs rondes bruyantes à travers la boue et les immondices.

J'étais à peine installé sous ma tente, les jambes croisées devant la bouilloire fumante, quand Léon vint m'annoncer qu'un Français demandait à me parler. Un Français à Arzilla! Je pensai que ce devait être un renégat, et je ne me trompais pas. J'eusse bien voulu me dispenser de le recevoir, car j'avais déjà bien des fois subi de pareilles visites, et je n'avais jamais eu à m'en louer. Mais la crainte de me trouver une seule fois injuste et dur me fit accepter cette nouvelle épreuve, et le renégat fut introduit. C'était un jeune homme de trente ans au plus, coiffé d'un turban, et enveloppé dans un haïck d'un blanc équivoque.

Après s'être assis sur ses talons, il entra hardiment en matière, et dans un style dont la correction me parut fort peu en rapport avec l'allure prétentieuse et les airs de bon ton qu'il se donnait. Il entama ce qu'il appelait son histoire. Mais dès les premiers mots, je reconnus que je savais son histoire aussi bien que lui-même, et pour ne pas lui laisser un seul moment l'espoir de faire une dupe, je l'arrêtai tout court, et le priai de se borner à répondre à mes questions.

— Vous venez d'Alger ?

— Oui, Monsieur.

— Vous serviez dans l'armée en qualité de lieutenant ou de sous-lieutenant ?

— De sous-lieutenant.

— Dans un moment de vivacité vous avez frappé votre capitaine ou votre colonel.

— Non, Monsieur.

— Alors, vous avez eu un duel avec un de vos supérieurs, par suite de rivalité amoureuse ?

— Oui, Monsieur.

— Vous avez dû quitter l'armée, et pendant que vous erriez cherchant un asile, un parti de maraudeurs vous a enlevé ?

— Oui, Monsieur.

— On vous a garotté, maltraité, dépouillé, fouetté, et ensuite mené à Fez, et durant une route longue et pénible, vous avez cruellement souffert de la faim, de la soif, du froid et du chaud, sans compter les coups de bâton avec lesquels on vous aiguillonnait ?

— C'est l'exacte vérité.

— Alors, perdant l'espoir de retourner en France, où vous auriez à subir la peine des déserteurs, et désirant vous affranchir des injures, des privations et de l'esclavage réservés aux chrétiens dans ce pays barbare, vous vous êtes, par désespoir et par un calcul raisonnable, résigné à embrasser le culte de vos tyrans ?

— Oui, Monsieur.

— Les Maures ont reçu votre profession de foi avec des démonstrations amicales ; ils vous ont fait cadeau du turban et du haïck que vous portez, et quelques jours après ils vous ont abandonné au hasard, à vos propres ressources, sans plus s'inquiéter de ce que vous alliez devenir dans un pays où un inconnu est méprisé?

— Oui, Monsieur.

— Comment gagnez-vous votre vie?

— En exerçant la médecine.

— Et ce métier n'est pas lucratif?

— Non, Monsieur.

— Avez-vous dîné aujourd'hui?

— Non, Monsieur.

— On va vous servir à souper, et puisque nous devons arriver demain à Tanger, on vous donnera tout ce qu'il nous reste de provisions. Avez-vous quelque argent?

— Si j'en avais, j'aurais dîné, Monsieur.

— C'est juste... En voilà, bonsoir, et que je ne vous revoie plus.

— Si vous aviez besoin d'un valet de chambre, d'un palefrenier, ou de toute autre chose, je serais bien heureux, Monsieur, de m'attacher à votre personne, à quelque titre que ce fût.

— Merci... J'ai pris successivement à mon service cinq de vos confrères, ex-sous-lieutenans, et renégats comme vous, je les ai nourris, vêtus de la tête aux pieds, et payés qui plus est; l'un était un insolent qui refusait de travailler, sous prétexte qu'un ex-sous-lieutenant se résigne difficilement au travail; l'autre s'est enfui en emportant ma valise et ma bourse; un autre a vendu un des chevaux que je lui avais confiés et a disparu avec le produit de la vente; un autre employait tout son temps à boire, et, dans les fumées de l'ivresse, il tirait le couteau contre tous les gens de la maison. J'ai juré depuis lors que je ne prendrais plus aucun renégat à mon service, et j'ai la manie de tenir mes sermens.

A ces mots, mon renégat ne répliqua rien. Il prit l'argent, soupa gaiment avec Léon, lui chanta quelques couplets de vaudeville, déclama en le travestissant un morceau de l'Othello de Ducis qu'il avait vu jouer par Talma.

Je m'appelle le Maure, et j'en fais vanité.

Puis il disparut, et je n'ai plus entendu parler de lui.

Si j'avais si bien deviné l'histoire de cet homme, c'est que tel est, à quelques variantes près, le thème adopté par tous les renégats français ou espagnols qu'on rencontre au Maroc. Ce sont presque toujours des prisonniers évadés ou des soldats indisciplinés que l'appât de la vie sauvage a entraînés à la désertion. Leur nouvelle carrière commence ordinairement par de rudes épreuves : la faim, la soif, les coups, l'esclavage ; il ne leur reste alors qu'un seul moyen de salut, c'est de renier le titre de chrétien qui leur attire tous ces maux. Les Maures, habitués de tout temps à convertir avec le sabre, s'inquiètent peu des motifs et de la moralité de leurs prosélytes, et, dans tous les cas, la conversion d'un chrétien leur semble une précieuse conquête.

Ils lui ouvrent les bras avec joie, brisent ses chaînes, le revêtent de beaux habits, le gorgent de couscous, le mènent en grande pompe à la mosquée, et, après sa circoncision, le promènent en triomphe par toute la ville, monté sur un cheval richement caparaçonné, au son des clarinettes et des tambours, et aux acclamations de la foule.

La cérémonie dure trois jours; mais aussitôt après on abandonne le renégat à son sort; personne ne s'intéresse plus à lui, et on le laisserait mourir de faim, s'il était possible de mourir de faim dans un pays où la misère étant la condition commune, on trouve à subsister à si peu de frais. Alors le renégat se fait palefrenier, vétérinaire, ou médecin, à moins qu'il n'obtienne, chose facile, d'être enrôlé dans le corps d'artillerie de campagne, qui, aujourd'hui, est entièrement composé d'Européens.

Que si les hasards d'une vie aventureuse, ou quelque motif particulier (et l'on ne peut nier que ce motif ne puisse être quelquefois honorable) amène à l'islamisme un homme au-dessus du commun, les Maures savent fort bien le distinguer de prime-abord. Mais comme le tact et la perspicacité dérivent chez eux d'une extrême méfiance, cette distinction de leur part n'est jamais un avantage pour l'homme qui en devient l'objet, et s'ils lui confèrent un titre ou un emploi, c'est pour avoir un moyen légal de le surveiller, de l'asservir, et souvent de le tenir confiné dans une ville ou dans une forteresse d'où il ne sort jamais.

Quant à ceux de nos soldats qu'une imprudence ou qu'un malheureux hasard de la guerre a fait tomber au pouvoir des Arabes, tant qu'Abd-el-Kader a respecté la loi qu'il s'était faite de les envoyer à Maroc, ils ont été rendus sur les réclamations de notre consul-général de Tanger. Si, parmi eux, il s'en trouvait que la violence eut entraînés à embrasser l'islamisme, le sultan montrait quelque répugnance à les livrer sous prétexte, qu'en abjurant, ils étaient devenus ses sujets. Mais le gouvernement français, tout en admettant ce principe, a déclaré qu'il ne reconnaîtrait comme musulmans que ceux qui auraient renouvelé leur profession de foi librement et en présence du consul de Tanger, et, il faut le dire à la louange du gouvernement français et de Muley-Abd-er-Rahman, cette déclaration a acquis force de loi au Maroc.

Pendant que durait mon entretien avec le renégat, Jousouah s'était tenu accroupi à la porte de la tente, et je voyais ses yeux fixés sur nous, flamboyer dans l'ombre comme ceux d'une bête féroce. Quant à l'expression de mon visage, il comprit le sentiment qui me dominait; son front se rasseréna, et sitôt que je fus seul, il vint s'incliner devant moi, et baiser mon vêtement.

— Vous n'aimez pas les renégats, me dit-il, et je vous vénère, moi, pour cela.

— C'est selon, lui dis-je en souriant.

— Mais, reprit Jousouah, s'il se trouvait un homme qui eût renié le vrai Dieu, le Dieu de ses pères et de ses amis, pour éluder la restitution d'un bien injustement dérobé à des orphelins, que diriez-vous de cet homme?

— Que c'est un lâche coquin.

— Et si à côté de cet homme, triomphant dans le crime, vous voyiez une jeune fille de dix-sept ans, résister aux séductions ainsi qu'aux menaces, et courber la tête sous le couteau plutôt que de renier le Dieu de ses pères, que diriez-vous de cette fille?

— Que c'est un ange!

— Oui, Lœdicia est un ange dont le nom soit béni! Salomon est un lâche coquin, digne d'exécration.

— Salomon, Lœdicia, c'est la première fois que j'entends prononcer ces noms.

— Je le crois. C'est que nous craignons, nous esclaves, de proférer des malédictions contre un sectateur de la loi musulmane, et des bénédictions pour une victime de cette loi; et les Maures eux-mêmes n'osent pas prononcer ces noms, parce que la honte leur serre la gorge. Mais comme je n'ai pas à trembler devant vous, Monsieur, je vous conterai, moi, l'histoire de celle qu'il faut bénir. Mais permettez-moi de ne vous dire que peu de mots de celui qu'il faut maudire. Son histoire à lui est du reste fort simple.

Salomon est un homme né dans la misère, élevé dans la misère. Il avait un oncle qui s'était acquis une immense fortune dans le commerce, et qui, en reconnaissance de certains services rendus à des Anglais, jouissait de la protection du consul d'Angleterre. Cet oncle accueillit Salomon dans sa maison, lui donna sa confiance, le mit à la tête de ses affaires, le traita comme un fils, et en mourant lui recommanda sa femme et ses enfans. Salomon, au lieu de rendre la fortune de son bienfaiteur à ses héritiers légitimes, s'en appropria une partie, et employa l'autre pour éluder la sentence du tribunal du cheikh et des notables juifs qui l'avait condamné. Il corrompit le gouverneur, il corrompit le premier ministre, il corrompit tous les satellites du sultan. Puis quand il vit que la justice, ne pouvant parler en arabe, avait, pour se faire entendre, fini par parler anglais, Salomon, pour échapper à un procès coûteux et chanceux, recourut au seul moyen qui lui garantit l'impunité : il se fit Maure. Un jour on le vit promener par les rues de Rbat, monté sur un des plus beaux chevaux du gouverneur, vêtu de riches habits, et tenant dans ses mains des tablettes où le Koran était écrit en caractères d'or. La foule criait autour de lui. La musique sonnait des fanfares en tête du cortége. Puis le cortége traversa le Mellah; et les juifs furent obligés de se déchausser et d'incliner la tête sur son passage; et le cheval du renégat éclaboussa la femme et les enfans qu'il avait dépouillés de leur patrimoine; il éclaboussa le front vénérable des magistrats qui l'avaient jugé et condamné; il éclaboussa jusqu'à sa mère, jusqu'à sa sœur, qui fondaient en larmes sur son passage. Et aujourd'hui, cet homme, qui n'a plus ni père, ni mère, ni frères, ni sœurs, qui n'a plus de Dieu, puisqu'il n'y a qu'un seul Dieu, cet homme se vautre dans ses richesses et dans son crime, et ses victimes et ses parens sont plongés dans la douleur, dans la misère et dans la honte.

Voilà, Monsieur, l'histoire de ce scélérat... Et ce scélérat était le frère de ma femme.

— Tâche de l'oublier, lui dis-je alors, et ne me parle que de Lœdicia.

— Oui, je vous parlerai d'elle, mais non pas aujourd'hui : il est tard, nos soldats reviennent vers nous, et je tremble qu'ils ne m'entendent. Je vous ferai ce récit demain, quand nous serons en route.

Jousouah finissait de parler, quand Mehiddi revint prendre son poste à l'entrée de la tente. La mèche de la bougie qui nous éclairait se noya dans la bouteille qui servait de chandelier, et toute la caravane se livra au sommeil.

IX.

D'ARZILLA A TANGER.

HISTOIRE DE LOEDICIA.

Le lendemain, au lever du soleil, notre caravane trottait gaîment sur la plage d'Arzilla.

Autant l'aspect intérieur des villes maures est uniforme, triste et dégoûtant, autant la vue extérieure en est souvent pittoresque et séduisante. Nous sortions d'un cloaque au milieu duquel croupit une centaine de pauvres familles de jardiniers et de pêcheurs, et nous laissions derrière nous une jolie ville. Les reflets dorés du soleil levant donnaient à ses minarets, à ses remparts lézardés, et aux tours à créneaux dont elle est flanquée, un frais et gracieux vernis de jeunesse, en parfaite harmonie avec le paysage environnant et avec le beau ciel qui le faisait resplendir. Les contours du rempart se découpaient sur un fond vert formé par des jardins potagers enclos de haies vives d'aloës et de cactus, au-dessus desquelles on voyait çà et là poindre quelques têtes de figuiers, de grenadiers et d'orangers; et, à partir du premier plan, les tons éclatans de cette végétation vigoureuse allaient se fondant insensiblement dans le vert sombre d'une forêt de chênes qui s'étendait en amphithéâtre jusqu'à l'horizon. A quelques centaines de pas, devant le portail, c'était la plage, c'était la mer. Une belle plage basse et unie dont l'œil pouvait suivre les ondulations à plusieurs lieues en-deçà et au-delà de la ville; une belle mer calme, bleue, transparente, dont le flot se dépliait et se repliait lentement comme une nappe d'argent; sur la plage, des filets étendus, des barques de pêcheurs qui attendaient, couchées sur le flanc, que la marée haute vint les remettre à flot; quelques ânes chargés d'herbages, qui arrivaient tout doucement au marché; sur la mer, un brick entouré de quelques voiles latines qui louvoyaient à l'entrée du détroit de Gibraltar; la plage terminée devant nous par le cap Spartel, que l'on apercevait déjà très-distinctement; la mer bordée à l'horizon par les montagnes de l'Andalousie, dont les vagues contours se voyaient dans l'azur. Et sur tout ce tableau flottait, comme une gaze dorée à peine perceptible, cette brume matinale d'Afrique, qui, dans les plaines intérieures, enfante les merveilles du mirage.

Après cinq ou six heures de marche, le long de la mer, on trouve, à peu de distance du cap Spartel, la plage barrée par un cours d'eau, ruisseau pendant l'été, rivière pendant l'hiver; on la passe en bateau, puis on tourne le dos à la mer, et, au lieu de gravir le cap, on le contourne en longeant une vallée marécageuse qui mène jusqu'à Tanger.

La distance qui sépare Arzilla de Tanger étant de sept à huit lieues seulement, et tout danger ayant disparu, nos montures allaient au pas de promenade, et semblaient partager avec nous l'agrément de cette belle route et de ce beau temps. Tandis que, guidées par une habitude incurable, les mules suivaient la ligne droite, les chevaux caracolaient sur les sinuosités du terrain qui limitent la plage, ou bien prenaient plaisir à tremper leurs sabots dans la vague, tantôt la poursuivant, tantôt fuyant devant elle.

Ce moment me parut propice pour écouter le récit que Jousouah m'avait promis; je me rapprochai de lui; et, quand il se fut assuré que nos soldats ne pouvaient pas l'entendre, il me raconta l'histoire que l'on va lire; histoire que j'ai traduite librement d'un Espagnol assez corrompu, mais sans l'altérer dans aucun de ses détails, que, depuis, j'ai su être parfaitement exacts et authentiques.

« Dans une des ruelles qui mènent de la principale rue de Tanger à la Kasbah, je vous montrerai, dit Jousouah, deux petites maisons, situées côte à côte, et séparées par un mur mitoyen. Toutes deux sont bâties sur le même modèle; une cour ombragée par un vieux figuier, dont le feuillage épais la garantit à la fois et contre le soleil et contre les regards indiscrets des voisins; autour de la cour, trois petites pièces, qui ne reçoivent l'air et le jour que par une haute porte à deux battans bariolés de peintures mauresques, et pour façade sur la rue, une muraille enduite de chaux, dépourvue de fenêtres, et percée d'une porte basse peinte en rouge. Mais, dans l'une, on adore le Dieu de Moïse; dans l'autre, le Dieu de Mahomet. Car vous savez que, contrairement à une loi pratiquée dans toutes les villes du Maroc, il n'y a pas, à Tanger, de Mellah (quartier spécialement assigné aux juifs).

« En 1830, ces maisons étaient habitées, l'une par une Mauresque, veuve et sans enfans; l'autre par une pauvre famille juive, composée du père, de la mère, de deux garçons et de deux filles. Le père, homme d'un caractère doux, faible de corps et cassé par l'âge, vendait de la quincaillerie commune dans une échoppe de la rue principale, où il passait toute la journée. Des deux garçons, déjà en âge de se suffire à eux-mêmes, l'un était presque toujours en voyage; l'autre, c'était moi. Après avoir fait, en qualité de subrécargue, plusieurs voyages en France et en Espagne, je vis tout à coup mon petit pécule abîmé dans une mauvaise spéculation, et je me trouvai réduit à prendre un emploi de valet dans une maison consulaire. Ma mère et mes deux sœurs restaient donc seules à la maison pendant la journée, occupées à préparer le repas du soir, à laver, à coudre ou à filer. Le vendredi, après avoir porté au four la daphina, mets fondamental du repas du samedi, elles se livraient aux soins domestiques.

Quoique pauvre, et ne sachant ni lire, ni écrire, ma sœur aînée épousa, en 1831, un habitant de Rbat, qui l'emmena chez lui aussitôt après la noce. A cette époque, ma mère fléchissait déjà sous le poids d'une vieillesse précoce; de sorte que Lœdicia, ma sœur cadette, qui entrait alors dans sa seizième année, se trouva chargée seule de tous les soins du ménage, et ces rudes occupations entrecoupées de loisirs tout aussi fastidieux, remplissaient si bien son temps, qu'excepté le jour du sabbat, elle ne franchissait jamais le seuil de la maison. Le samedi, elle revêtait sa robe unique de drap écarlate et son spencer de drap vert, garni d'un galon d'or, qui, avec une chemise en perkale blanche à larges manches, composaient sa plus belle parure: elle couronnait ses cheveux, pendans en longues tresses noires, d'un modeste diadême en perles fausses, surmonté d'un foulard, dont les bouts retombaient sur ses épaules: et, en définitive, ces simples atours ne lui servaient qu'à traverser la rue, pour aller chez une voisine passer une heure ou deux, sous un arbre, rarement sur le seuil de la maison, à causer ou à mâcher d'un air distrait des graines de pastèque et de melon. Ce sont là, Monsieur, pour nos femmes, tous les agrémens des jours de fête.

« Ma mère avait passé quarante ans dans cette bicoque, sous cet éternel figuier, dans cet horizon de quatre murailles. Elle y avait donné le jour à dix enfans, dont six étaient morts sous ses yeux; elle y avait langui, elle y avait souffert, et elle était devenue, dans les derniers temps, nerveuse, acariâtre et prompte à la colère. Ma sœur, à cet âge où tant d'émotions agitent la tête et le cœur d'une femme, surtout quand elle se connaît belle (et Lœdicia était plus belle que la plus ravissante fille de Tetuan ou de Mecknez), ma sœur voyait ses pâles journées s'écouler tristes et monotones. Plongée dans la misère, l'avenir lui apparaissait sans espoir, le passé sans souvenirs. A défaut de grandes choses, les plus petites devenaient des écueils où son imagination inquiète allait à chaque instant se briser douloureusement. Tantôt on la voyait blême comme une morte, sans qu'elle pût dire ce qui la faisait souffrir; tantôt ses joues se coloraient d'une rougeur ardente comme celle de la fièvre; d'autres fois elle riait machinalement, plus souvent elle pleurait, et presque toujours elle était sérieuse et taciturne. Ma mère ne cessait de l'aiguillonner, de la gronder, de la poursuivre d'injures et de coups. Oui, Monsieur, nos parens nous battent, et nous battent fort (jamais sur la tête pourtant, parce qu'un tel coup équivaut à une malédiction), c'est un usage consacré par le droit que Dieu leur a donné sur nous, et que nous-mêmes exerçons sur nos enfans.

« Mais tout en respectant ce droit, Lœdicia ne pouvait souffrir qu'il s'exerçât injustement. Elle qui allait au-devant du châtiment lorsqu'elle se sentait coupable, fondait en larmes, se désolait, se roulait par terre, lorsque ma mère la battait sans raison : pourtant elle adorait sa mère; mais cet amour, au lieu de calmer ses douleurs, ne faisait que les irriter encore par le sentiment de l'injustice, et maintes fois on l'avait vue sortir éplorée de la maison, et aller chercher un refuge chez quelque amie du voisinage. Cependant, promptement conseillée par son bon cœur, elle n'avait jamais tardé à revenir d'elle-même se jeter aux pieds de sa mère pour implorer son pardon.

« Un jour, pour fuir l'injuste châtiment de notre mère, Lœdicia ayant frappé vainement à la porte de la maison où elle se réfugiait d'habitude, portait ses regards çà et là, dans la rue, cherchant un asile, quand, derrière une porte entre-bâillée, elle vit deux yeux dardés sur elle, deux yeux étincelans comme ceux d'une bête fauve. C'était la veuve mauresque dont je vous ai parlé, laquelle, après avoir quelque temps regardé fixément Lœdicia, l'appela d'un geste amical et avec un sourire bienveillant. Egarée par la douleur, saisie et comme fascinée par ce regard pénétrant, Lœdicia se sentit entraînée vers cette femme. Elle courut dans ses bras, et la porte se referma sur elle.

« La mauresque fit asseoir Lœdicia auprès d'elle; puis l'entourant de ses deux bras, elle la couvrit de baisers, et elle essuya les larmes de la jeune fille avec ses lèvres, et de temps en temps elle interrompait ses caresses pour lui dire : « Pauvre jolie enfant! Jolie enfant, que dans le plus généreux mouvement de sa tendresse, le sultan donnerait pour épouse au plus beau de ses fils! Pauvre enfant! qu'une méchante mère fait constamment souffrir! Et moi qui ne vivrais que pour le bonheur de mes enfans, je n'en ai pas un seul. Ah! si j'étais ta mère, comme je l'ai désiré si souvent (car je te connais depuis longtemps, toi qui ne me connais pas), jolie petite, je te tiendrais-là, toujours, sur mon sein, je baiserais tes jolis pieds... Et dire que je ne suis pas sa mère... Mais si tu le voulais, Lœdicia (car je sais aussi ton nom), si tu le voulais, tu pourrais, en prononçant un seul mot, devenir ma fille. Comme je t'aimerais, moi! et quel époux je te donnerais. » Et toutes ces phrases étaient entrecoupées de baisers et de convulsives étreintes. « Dis, poursuivit-elle, veux-tu vivre auprès de moi, veux-tu devenir ma fille? — Moi, s'écria Lœdicia, revenant tout-à-coup à elle-même, moi, votre fille... non, non, ma mère n'est pas ici, ma mère m'attend. Laissez-moi aller à ma mère. » Et à ces mots, bondissant comme un chevreau, elle s'élança vers la porte, souleva le loquet de bois, courut et ne s'arrêta qu'aux pieds de sa mère. Mais celle-ci la repoussa du pied et la chassa de sa présence. « Ma mère, lui dit alors Lœdicia exaspérée, vous me forcerez à renier ma famille et mon Dieu! » Et elle tomba, fondant en larmes, sur le pavé de la cour.

« Le soir, quand nous rentrâmes au logis mon père et moi, nous vîmes son visage bouleversé, et ses yeux cerclés de feu. Mais lui, par faiblesse, moi par insouciance, nous nous abstînmes de l'interroger. Elle vint en silence poser devant nous le thé, un plat de friture et des olives noirâtres confites dans l'huile, repas ordinaire des jours ouvrables. Elle alluma une des trois petites lampes de verre attachées par un fil d'archal à un cercle de bois peint pendu au plafond. Elle déroula par terre les matelas, puis elle se tint debout aussi longtemps que dura le souper, auquel elle ne voulut pas toucher. Après le repas, nous nous couchâmes, mes parens dans un coin, moi sur la natte, au milieu de l'appartement; et, dans l'autre coin, Lœdicia s'accroupit, les coudes appuyés sur ses genoux et le visage caché entre ses mains. Le lendemain, je la retrouvai dans la même attitude; elle s'était assoupie, et le premier rayon de soleil, qui chaque jour la réveillait, se jouait depuis quelques minutes dans sa chevelure sans troubler son sommeil, quand notre mère la réveilla en sursaut par un cri aigu, signal impérieux du travail. Aussitôt, Lœdicia se leva et se remit silencieuse à l'ouvrage, et cette journée et les suivantes se passèrent pour elles dans un morne silence, interrompu de temps en temps par les ordres de la mère que la fille exécutait avec une docilité muette. Quelques regards, timidement jetés par Lœdicia comme une prière de réconciliation, étaient demeurés sans réponse, et, depuis, elle n'osait plus lever les yeux.

« Cependant approchait une des solennités religieuses, et notre loi ordonne que ces jours-là les murailles soient purifiées ainsi que les vêtemens, et que l'habitation se montre, comme l'habitant, dans une parure joyeuse. Donc, après avoir lavé le linge, Lœdicia se mit en devoir de badigeonner la façade et l'intérieur de la maison. Montée sur une échelle, elle aperçut, dans la cour de la maison voisine, la femme mauresque fixant sur elle ses grands yeux noirs.

« Lœdicia se sentit encore fascinée par ce regard étrange, et, dans le trouble indéfinissable où l'avait jetée ce sortilége, elle n'entendit pas que sa mère l'avait appelée deux fois. Pourtant, la troisième fois, elle entendit; mais alors sa mère n'appelait plus; elle proférait une imprécation. Ma sœur, frappée de vertige et d'épouvante, sentit ses jambes défaillir et tomba sur le seuil, entraînant avec elle le vase qui contenait la chaux. A ce bruit, ma mère accourut, et la Mauresque entr'ouvrit sa porte en même temps.

« Voyant la peinture répandue sur le sol, ma mère, furieuse, levait déjà sur sa fille une main menaçante. Eperdue, Lœdicia se précipita dans les bras de la Mauresque en s'écriant : « C'est toi qui seras ma mère, et ton Dieu sera le mien! » A ces mots, une joie démoniaque éclata sur la face de la Mauresque; elle saisit Lœdicia dans ses bras, la transporta au fond d'un appartement, où elle la déposa évanouie sur une natte, ferma toutes les portes à double tour, et se rendit en toute hâte chez le kaïd gouverneur.

« A cette époque (1832), Tanger n'était pas encore compris dans le pachalick que gouverne aujourd'hui (1840) le noble feki Sidi-Abelsam-El-Flaouï. Si nous avions eu affaire à lui, l'événement aurait eu sans doute une autre issue; car Sidi-Abelsam est un homme généreux, plein de cœur, aussi peu fanatique, et aussi juste que peut l'être un Maure. Il aime l'argent, sans doute, et il lui en faut beaucoup pour se maintenir en grâce; car c'est à l'importance de leurs cadeaux que le sultan mesure le mérite de ses agens. Mais il marche à son but avec un tact exquis, choisissant l'occasion avec discernement : frappant le riche, ménageant le pauvre, et par fierté autant que par bonté reculant devant les choses basses ou odieuses. Bien différent de Sidi-Abelsam, son prédécesseur était un vieux chat tigre à barbe blanche, sordide, astucieux et cruel. Au lieu d'occuper les appartemens de la kasbah, il habitait par avarice une toute petite maison cachée dans une ruelle obscure, et là, sur un banc de pierre appliqué contre l'angle rentrant d'un mur, il tenait, en pleine rue, son marché de justice, trafiquant de calomnies, d'embûches, de délations, achetant l'infamie et vendant, au poids de l'or, la sécurité à l'innocence et au crime l'impunité.

« C'est devant cet homme, alors tout puissant, que la Mauresque comparut pour raconter la scène qui venait d'avoir lieu. Elle déclara sous serment que la jeune israélite avait prononcé en sa présence la formule sacramentelle de la vraie croyance, et elle demanda que la cérémonie de l'abjuration se fît immédiatement, de peur que la nouvelle convertie ne vînt à se rétracter. Monstrueuse contradiction ! car si la juive avait prononcé la formule devant un seul témoin, elle ne pouvait plus se rétracter sous peine de mort, et si la délatrice tremblait qu'elle ne se rétractât, il était évident que la formule n'avait pas été prononcée.

« Le kaïd remarqua bien la contradiction, et pénétra l'intention de la Mauresque. Mais comprenant toute la portée d'un procès qui lui fournissait une occasion superbe de rançonner la communauté de juifs, il se garda bien de le faire avorter, et donna suite à la dénonciation. Deux soldats furent donc dépêchés sous la conduite de la délatrice pour appréhender Lœdicia. Ils la trouvèrent encore gissante dans la même attitude d'abattement et de torpeur où elle avait été laissée. Mais à la vue des soldats, un rayon de foudre vint tout à coup lui rendre le jugement et l'énergie. Elle comprit ce qui venait de se passer, devina ce qui allait suivre, et, se jetant aux pieds de la Mauresque, elle la supplia en pleurant de la sauver, de faire éloigner ces hommes, et de la ramener auprès de sa mère. « — Ce que j'ai dit, ajouta-t-elle, je me repens de l'avoir dit. Je l'ai dit dans un moment d'égarement; ce que j'ai dit, je le renie à la face du Dieu de mes pères.

« — Si tu t'en repens, répondirent les limiers du kaïd, et si tu le renies, c'est une preuve que tu l'as dit, et cela suffit; il faut nous suivre.

« Lœdicia refusait d'obéir; elle se tordait de douleur et de colère, elle sanglottait, elle pressait dans ses bras la femme qui venait de la perdre, et cherchait à l'attendrir par ses violentes caresses. Mais la Mauresque ne protestait de son amour pour Lœdicia qu'en vue de se l'attacher à jamais. — « C'est Dieu qui m'envoie une fille, disait-elle, et rien au monde ne me fera renoncer à cette faveur. Cette enfant est ma fille; elle appartient au Dieu de Mahomet : elle m'appartient!

« Enfin, las de sa résistance, les soldats saisirent Lœdicia. On lui lia les mains derrière le dos avec un mouchoir de soie, et on lui dit : « Si tu ne marches pas, tu seras traînée. » Lœdicia vit bien qu'il fallait se résigner, et recueillant tout son courage, elle marcha d'un pas ferme et résolu, sans pleurer, sans proférer un cri, de peur d'être entendue par sa mère. Mais le même coup de foudre qui avait illuminé l'esprit de la fille avait éclairé aussi le cœur de la mère. Un seul instant, un seul éclat de voix saisi à travers les murailles suffirent pour réveiller dans son cœur la tendresse avec le remords. Maudissant son veuglement, elle ressentit en un moment plus de regrets, plus d'amour, plus d'espérances, que son cœur n'en avait contenu durant une existence de quarante années. En proie à ces violentes émotions, elle se précipita dans la cour, ouvrit la porte, et là, elle s'arrêta au bruit de l'autre porte qui s'ouvrait devant les ravisseurs de sa fille. A cette vue, le sang se figea dans ses veines, elle jeta sur Lœdicia un regard de détresse, sans pouvoir proférer un mot, et les larmes coulèrent sur ses joues, comme un torrent sur un lit de marbre. Vous figurez-vous ce que dût éprouver Lœdicia à l'aspect de cette statue douloureuse? A ce regard terne et fixe elle répondit par un regard qui était tout un hymne d'amour, de résignation et de foi; et elle continua de marcher en silence.

« Au moment où elle comparut devant le kaïd, il était seul, les jambes croisées sur son banc de pierre, et d'une main défilant un chapelet, tandis que de l'autre il caressait et lissait sa barbe comme un tigre qui fait sa toilette. Non loin de là, une douzaine de soldats étaient assis par terre le long du mur. Le kaïd fit avancer Lœdicia, et lui dit : « Je vais mander le kadi et ses adouls, afin qu'ils prennent acte de ton abjuration. » Puis, s'adressant aux deux soldats qui se tenaient debout auprès d'elle : — Qu'est-ce à dire, canaille, poursuivit-il d'un ton ricaneur, pourquoi donc avez-vous lié les mains de cette enfant?

« — Elle nous résistait, répondirent les soldats.

« — Est-il vrai? dit le kaïd à Lœdicia; et Lœdicia répondit : — C'est vrai; je refusais de venir, parce que je n'ai rien à faire ici, et je vous supplie de me laisser retourner auprès de ma mère.

« — Ta mère, la voici, reprit le kaïd en montrant la Mauresque qui se tenait debout derrière Lœdicia. Elle t'emmènera aussitôt que tu auras répété en public et avec les cérémonies d'usage, la profession de foi que tu as faite en sa présence.

« — Cette femme n'est pas ma mère, dit Lœdicia. Ma mère est la juive Sarah; et le Dieu de ma mère est mon Dieu. Voilà ma profession de foi. Je ne sais pas quelles paroles j'aurai proférées dans un moment de délire; si elles sont contraires à la déclaration que je fais maintenant, que je ferai toujours, je les renie formellement.

« — Il n'en est plus temps, reprit le kaïd ; une parole prononcée en présence d'un témoin vrai croyant est une chaîne qui lie à jamais.

« — Cette chaine, je la brise ! dit Lœdicia.

« — C'est la chaine, au contraire, qui te brisera, dit le kaïd ; la loi est précise, et la loi sera satisfaite. Trois jours te sont accordés pour réfléchir : à l'expiration du troisième, tu reviendras en ma présence. Alors, si tu consens à tenir l'engagement sacré que tu as pris, tu seras mise en liberté. Si tu t'y refuses, tu subiras la peine des renégats : tu mourras. Que cette femme soit conduite en prison, poursuivit-il ; qu'elle soit rigoureusement tenue au secret, et dans trois jours, à pareille heure, vous la ramènerez ici.

« La prison des femmes, à Tanger, est séparée de celle des hommes. C'est une maison obscure, humide ; des lambeaux de vieille natte moisie et quelques cruches de grés, en forment tout le mobilier. La garde en est confiée à une négresse et à un vieux soldat, qui se tient constamment à la porte, armé d'un bâton ; le jour, accroupi sur le seuil, la nuit, couché en travers. C'est à ce couple de geôliers que Lœdicia fut livrée. La négresse lui désigna brutalement sa place dans un coin, et la pauvre enfant s'y blottit en silence et y demeura comme pétrifiée.

« Cependant ma mère, revenant bientôt de sa torpeur, s'était mise à courir par la rue, en arrachant ses cheveux, en rugissant comme une lionne ; tout le voisinage s'émut à ses cris, et la rumeur, circulant rapidement par toute la ville, ne tarda pas à parvenir jusqu'à mon père, jusqu'à moi. Nous accourûmes à la hâte, et à l'aspect du désespoir de cette malheureuse mère, ce fut à elle que nous songeâmes d'abord. Mais elle, nous repoussant avec rage : « Ne vous occupez pas de la mère dénaturée, de la mère maudite, s'écriait-elle, ne pensez qu'à sa victime... Sauvez-la, vendez tout et courez payer la rançon ; dussé-je aller mendier mon pain, dussé-je mourir de faim, de froid, vendez tout, tout, et sauvez-la. Alors, pendant qu'elle faisait un paquet de tous les vêtemens, de tout le linge et des moindres chiffons que contenait la maison, pendant que mon père courait à son échoppe pour retirer le misérable capital qu'elle contenait, j'allai trouver un de nos amis, prêteur sur gages, et le suppliai de venir à notre aide. Ce brave homme me suivit sans se faire prier, et après avoir pris sur-le-champ possession de tout notre avoir, il voulut bien nous prêter immédiatement une petite somme, au change de cinq pour cent par mois, au lieu de dix qu'il exigeait ordinairement. Munis de cet argent, nous courûmes, mon père, ma mère et moi, auprès du kaïd. Nous nous prosternâmes à ses pieds ; mon père frappa son front chauve contre terre ; ma mère baisa les babouches du kaïd, et par tout ce qu'il avait de plus cher et de plus sacré, nous le suppliâmes, en pleurant, de nous rendre notre enfant. Le kaïd prit l'argent, le compta avec attention, puis, le mettant sous son haïck, il nous dit en courroux : « Arrière, canaille, osez-vous bien appeler vôtre un enfant du prophète... Nous saurons, du reste, à quoi nous en tenir dans trois jours... et si cette enfant est reconnue vôtre, on vous la rendra... morte. » L'infâme vieillard feignait ce courroux, parce qu'il croyait que, suivant un usage assez souvent commandé par la prudence, nous tenions en réserve une somme supplémentaire en vue des difficultés ultérieures et des incidens imprévus. Quand il fut sûr que nous avions tout donné : « Allez, dit-il, tout ce que je puis faire pour vous, c'est de vous laisser le soin de pourvoir à la nourriture de la prisonnière, mais à condition qu'aucun de vous ne cherchera à lui parler, ni à la voir. » Là-dessus il nous laissa la face prosternée devant son banc, et il rentra dans sa maison, emportant toute notre fortune.

« Ma mère avait perdu connaissance. Je la transportai dans mes bras chez une de nos voisines aux soins de qui je la confiai, et je me rendis ensuite, accompagné de mon père, à la synagogue, où le cheikh était dans ce moment en prières avec quelques notables, et là, nous nous prosternâmes, invoquant, au nom du Dieu d'Israël, l'aide de tous nos frères. Les assistans furent émus de notre malheur comme d'une calamité qui retombait sur toute la communauté. Tous s'accordaient dans le désir de venir à notre aide, et l'on décida que le cheikh ferait sur-le-champ, par toute la ville, une collecte dont le produit serait déposé aux pieds du kaïd. En effet, les dons affluèrent de toutes parts, et le surlendemain une députation de notables alla porter au kaïd un sac contenant 2,000 piastres fortes, qu'il se hâta de mettre en sûreté dans sa maison. Puis revenant à son banc, il prêta une oreille attentive à la harangue et aux prières des députés, et quand ils eurent fini : — Vous êtes des imprudens, leur dit-il, vous avez fait une telle rumeur, que vous m'avez vous-mêmes ôté le moyen de vous rendre service. Maintenant que toute la ville est instruite d'un événement dont le bruit sera bientôt parvenu à Fez et à Maroc, je ne puis, sans me compromettre gravement, arrêter le cours de la justice; on ne manquerait pas de suspecter ma probité et ma piété. Je crains la grande voix du peuple et des marabouts, et le poignard des Berbères. Vous m'avez lié les bras, et je n'ai plus qu'un seul service à vous rendre : comme toute sentence capitale doit être soumise au Sultan, j'essaierai, dans mon rapport, de mettre en saillie les circonstances atténuantes. Peut-être alors l'affaire sera-telle évoquée au tribunal de Fez, et ces délais vous mettront à même d'agir auprès du sultan et de ses ministres.

« Le lendemain était le jour fixé pour la comparution de Lœdicia, et cette fois le kadi et ses adouls avaient été convoqués à l'audience. A l'heure dite, ma sœur arriva, suivie d'un grand nombre de Maures et de juifs. Mais un long voile l'enveloppait, et les juges seuls purent voir sa belle figure pâlie par le jeûne et par la souffrance. Alors le kaïd, élevant la voix au milieu d'un silence profond, dit à Lœdicia :

« — Ces magistrats ont été convoqués auprès de moi, en présence de tout ce peuple, afin d'entendre ta profession de foi, afin de t'ouvrir les bras et de te soutenir avec bienveillance, si tu demeures dans la voie du prophète où ton pied s'est engagé ; ou si tu renies tes engagemens, afin de prononcer ton arrêt de mort.

« Lœdicia répondit sans hésitation, d'une voix claire et forte : « Le Dieu d'Israël, le Dieu de ma mère est mon Dieu. Telle est la croyance dans laquelle j'ai toujours vécu, et dans laquelle je mourrai. L'accès de folie qui m'a fait sortir un instant de la maison paternelle n'est pas un crime qui mérite la mort, car votre Dieu, comme le mien, est miséricordieux à l'égard de la folie. »

« — Réfléchis, dit le kaïd, et tu peux réfléchir, car tu n'es pas folle ; songe que tu as à choisir entre une mort ignominieuse et une vie comblée de délices et de bénédictions... Il en est encore temps...

« — J'ai assez réfléchi, répondit Lœdicia. Aucune considération ni aucune menace n'ébranleront ma foi dans le Dieu d'Israël.

« Après quelques minutes de délibération, le kadi ayant déclaré que la prévenue était coupable de parjure, le kaïd prononça contre elle la sentence de mort, et annonça qu'un courrier allait être expédié à Mecknez, pour soumettre l'arrêt au Sultan. En effet, le rapport du kaïd, rédigé dans la soirée, partit le lendemain même pour Mecknez.

« Lœdicia retourna dans sa prison à travers une haie d'hommes et de femmes, maures et juifs; ceux-ci poussaient des sanglots déchirans; les autres riaient et proféraient des imprécations contre notre caste. Mais, cachant religieusement son émotion, Lœdicia ne parut atteinte ni par la douleur des uns, ni par la féroce joie des autres. Sa démarche était assurée; son maintien noble et fier.

« Que faire pour la sauver? La Synagogue avait expédié une circulaire à toutes les synagogues de Mecknez, de Fez, de Maroc et des principales villes, les pressant d'intervenir en masse auprès du Sultan, et de recueillir autant d'argent qu'il en faudrait pour amollir son cœur et celui de ses ministres. Mais la publicité de cette affaire avait fait des progrès si rapides; l'exaltation des Maures allait croissant d'une manière si effrayante, qu'on devait craindre de voir le sultan lui-même asservi par l'opinion publique; et, pour moi, je ne partageais pas l'espoir que mes co-religionnaires fondaient sur l'avarice et la cupidité bien connue de nos maîtres; aussi me mis-je à rêver de moyens extraordinaires, et d'abord je songeai à réclamer l'intervention des puissances européennes.

« Mais aucun consul ne daigna prêter l'oreille à mon désespoir, et il fallut chercher un autre moyen.

« Il ne m'en restait qu'un seul, c'était d'employer la corruption ou la violence auprès des geôliers et des gardes de la marine pour enlever Lœdicia et l'emmener à Gibraltar.

« Je parvins à mettre dans mes intérêts le patron d'une barque de pêcheurs prête à partir pour l'Espagne. Le plan et l'heure de notre rendez-vous étant convenus, je me rendis, le soir, à la prison, muni de quelques pièces d'argent et d'un kandjar, et enveloppé dans un manteau de femme. Me donnant pour une ancienne connaissance de la négresse, je demandai au vieux soldat la permission de m'entretenir un instant avec elle. Je voulais me faire passer à ses yeux pour la veuve même qui avait dénoncé Lœdicia, espérant qu'à ce titre j'obtiendrais facilement de pénétrer jusqu'à elle. Mon dessein était d'entraîner ainsi la négresse jusqu'au fond de la prison, de la poignarder et de sortir ensuite avec ma sœur, en tuant le soldat. Mais les négresses, douées d'un odorat exquis, ont de plus je ne sais quel sens particulier qui devine l'homme à travers les murailles; et il ne fut pas difficile à celle-là de le deviner à travers un manteau. Mais comme elle ne soupçonnait pas mon dessein, comme en Afrique l'irrésistible attrait de la volupté plus que la force, assure à l'homme sur la femme un empire qui s'exerce à travers toutes les différences de condition et de race, elle n'osa pas faire du bruit. Je glissai quelques pièces d'argent dans sa main, et lui déclarai qu'un violent amour pour Lœdicia m'avait entraîné à braver tout danger pour passer une nuit avec elle. La négresse comprit et me crut. Elle éloigna le soldat sous le prétexte de lui faire acheter dans le voisinage de l'eau-de-vie et du tabac. Pendant ce temps-là, je devais me glisser auprès de Lœdicia. Au retour du soldat, la négresse devait lui dire que j'étais parti durant son absence, et puis, en le conviant à boire et à fumer, le plonger dans un sommeil profond dont je profiterais pour m'évader. Ce plan se complétait dans mon esprit par son sanglant accessoire que la malheureuse négresse ne soupçonnait certes pas.

« Quand le soldat se fut éloigné, la négresse me conduisit dans une pièce obscure où l'air n'entrait que par une petite porte découpée dans un des battans d'une plus grande porte fermée au verrou. A la clarté des étoiles qui, par cette ouverture, pénétrait dans les ténèbres comme une traînée de vapeur transparente, j'aperçus vaguement une ombre accroupie par terre dans un coin : c'était Lœdicia. Comment vous dire ce que j'éprouvai en baisant ses pieds et ses mains! ce qu'elle éprouva en reconnaissant ma voix! La douleur qu'elle avait jusqu'alors refoulée dans son âme se fit jour par un torrent de larmes... Mais ces larmes, je lui ordonnai de les essuyer au plus vite, et de se préparer à me suivre à Tarifa ou à Gibraltar....

« —Et notre père? et notre mère? me dit-elle alors avec tristesse ; et notre sœur, et tous nos parens que deviendront-ils?

« Cette question, dont je compris tout de suite la portée, fut pour moi comme un coup de foudre qui m'enlevait à jamais tout espoir de salut. En effet, vous le savez peut-être, pour empêcher l'expatriation des juifs, les Maures n'ont reculé devant aucun moyen. Les juifs marocains ne peuvent voyager qu'en vertu d'une autorisation spéciale, et en acquittant un droit de sortie, comme une marchandise. Cette autorisation, qui s'accorde assez aisément à l'individu voyageant seul pour ses affaires, est généralement refusée à la famille entière, à moins qu'on ne l'achète à un prix tellement élevé, qu'un très petit nombre de familles se trouve en état de le payer. Et, comme en dépit de la loi, il serait facile de corrompre ou de tromper les gardes de la marine, le gouvernement a, pour assurer son but, rendu la famille entière responsable de tout délit au châtiment duquel un de ses membres se serait dérobé par la fuite. Or, la solidarité s'étendant des parens les plus proches jusqu'aux plus éloignés, il en résulte que, dans une petite population soumise à des lois civiles comme les nôtres, elle finit par englober toute la caste. Tout cela, je ne l'ignorais pas ; mais, dans l'ivresse de l'espoir, je l'avais perdu de vue, et, quand ma sœur me le rappela, je ne pus répondre que par mes larmes.

« Les jours qui suivirent furent employés par notre cheikh à expédier des courriers aux personnages influens de la cour et à ses collègues de Mecknez ; mais tous ces courriers se croisèrent en route avec le soldat qui apportait la réponse du sultan. Le moment où cet homme entra au galop dans la ville fut, pour toute la population, un moment d'angoisse inexprimable. Deux heures après, nous apprenions par la voix publique le contenu du pli impérial. Le sultan ordonnait que la condamnée fût transférée à Mecknez, avec défense expresse de la laisser voir ni accompagner par aucun de ses parens. Cependant, à force d'instances, on obtint du kaïd qu'un juif pourrait la suivre de loin, durant le voyage, pour lui porter au besoin des secours auxquels ses gardiens ne daigneraient jamais s'abaisser. Il était bien entendu que ce juif serait un mercenaire; mais comme le départ avait lieu durant la nuit, il me fut aisé d'éluder cet ordre et de tromper les deux soldats qui formaient l'escorte. J'allai, vêtu d'une vieille chilaba, les attendre hors de la ville; et, quand ils furent passés, je me mis à les suivre de loin : puis, lorsqu'à la première halte ils me reconnurent, quelques piastres que le cheik m'avait données à cet effet servirent à me rendre l'incognito.

« Lœdicia était montée sur une mule. Un haïck épais l'enveloppait de la tête aux pieds comme un suaire. Du milieu de cette draperie, on voyait pendre une petite chaîne de fer qui liait deux anneaux rivés à ses pieds, et aucun son, aucun mouvement n'indiquaient que cette enveloppe recouvrît un être vivant. Ses deux gardiens s'avançaient de chaque côté, réglant l'allure de leurs chevaux sur le pas de la mule, eux aussi, silencieux et immobiles sous leur souhlam au capuchon rabattu. Pour moi, qui les suivais à pied, et, pour me fatiguer moins, à pieds nus, il me semblait courir sur les traces d'une vision, à la suite de trois fantômes. Durant six jours que dura ce triste voyage, le temps fut constamment mauvais. C'était tantôt une petite pluie froide et pénétrante, tantôt des raffales de vent qui hérissaient la crinière des chevaux, et leur donnaient un aspect fantastique. Pendant le jour, nous ne faisions qu'une halte d'un quart-d'heure. Le soir, nous nous arrêtions dans un douar. Lœdicia était placée sous une tente si basse qu'elle ne pouvait pas s'y tenir debout; on lui donnait une jatte de lait, la seule nourriture qu'elle consentit à prendre, puis la tente se refermait comme un tombeau. Les deux soldats se couchaient à l'entrée. Au point du jour nous nous remettions en route, et c'est ainsi que s'accomplit le voyage, sans qu'il m'eût été permis de recueillir un seul regard de ma sœur, un seul murmure de sa voix.

« Vers le soir du sixième jour, nous arrivâmes aux portes de Mecknez. Un de nos soldats prit les devans pour donner avis de notre arrivée, et bientôt il revint avec l'ordre de conduire la prisonnière au palais impérial. Laissant donc à droite le quartier maure, à gauche la Mellah, nous nous dirigeâmes vers le palais.

« Ce vaste édifice est renfermé dans une double enceinte de murailles. La première contient les logemens de la garde rangés autour d'une cour spacieuse où le Sultan passe les troupes en revue et reçoit les ambassadeurs. La seconde enceinte est percée de trois portes : celle du centre, plus haute que les autres, conduit aux appartemens du Sultan et aux salles d'audience, qui se trouvent au fond d'une seconde cour. Des deux autres portes, l'une est destinée au service du harem, l'autre s'ouvre sur les jardins.

« C'est à l'entrée de cette cour intérieure que s'arrêta notre triste convoi. Lœdicia fut déposée à la porte du harem, où plusieurs esclaves noires et blanches vinrent la recevoir avec les démonstrations les plus respectueuses.

« Délivrée immédiatement de son haïck et de sa chaîne, elle fut introduite dans un bain, où d'autres esclaves eurent la tâche, les unes de purifier et de masser son corps, les autres d'arranger et de parfumer sa chevelure, d'autres de teindre, avec du henné, les ongles de ses pieds et de ses mains, et de foncer avec de l'antimoine la couleur de ses cils. Ensuite on la revêtit de riches étoffes : son cou, ses bras et ses jambes furent ornés de cercles d'or et d'argent, et, sa toilette terminée, on la conduisit dans l'appartement des épouses légitimes qui lui firent l'accueil le plus empressé et le plus tendre. Plus tard, à ces caresses bruyantes succédèrent un silence et une immobilité profonde qui annonçaient l'arrivée du maître, et en effet le maître parut. Il répondit par un sourire affectueux aux empressemens de ses femmes ; puis, croisant ses talons sur un divan, il ordonna qu'on fit approcher Lœdicia. Elle, confuse et tremblante, vint se prosterner à ses pieds, et alors le Sultan lui dit en lui prenant les deux mains :

«— Enfant, quel est ton nom ?

« Elle répondit : — Je me nomme Lœdicia.

« — Non, non, dit le Sultan, tu me trompes ; on te nomme Fatma, je le sais, et c'est un nom que j'aime ; c'est le nom de ma sainte aïeule, fille du prophète. Voyons, ne tremble donc pas ainsi ; crois-tu que je t'aie fait venir ici pour te rendre malheureuse... Non, Fatma, je t'ai appelée à moi, comme un père appelle un de ses enfans, égaré depuis le jour de sa naissance et, par bonheur, retrouvé. Je veux à force d'affection te faire oublier toutes les misères passées ; mon palais sera désormais ta demeure ; ces femmes seront tes amies et tes sœurs, et celles-ci tes esclaves. Quoique tu désires, tu l'obtiendras d'elles ou de moi-même ; et si tu es raisonnable, je te montrerai un pour un jeune homme brave et beau, qui est mon fils, et il ne tiendra qu'à toi d'entrer dans sa couche.

« — Mon maître, répondit Lœdicia fondant en larmes et toujours prosternée, je suis votre esclave, et mon sort est entre vos mains ; mais je ne me sens pas digne de tant de bontés, et je n'en appelle qu'à votre miséricorde, mon maître ; j'ai une mère qui, dans ce moment, va mourir, peut-être du désespoir de m'avoir perdue... Rendez-moi ma mère et toutes mes misères, et ce sera là un bienfait pour lequel je bénirai votre nom tous les jours de ma vie.

« — Méchante enfant, reprit le Sultan, tu t'apitoyes sur la douleur d'une de mes esclaves, et tu ne songes pas au mal que me cause ton ingratitude, à moi qui suis désormais ton père et ta mère !... Tiens-toi bien près, bien près de moi ; car si tu t'éloignes, tu vas tomber dans l'abîme ! Prend-y garde, je conçois ta résistance, et je te la pardonne. On t'a peut-être dit de moi des choses effrayantes, et tu me crains, et tu ne me crois pas. Je t'accorderai le temps de reconnaître ton erreur, et plus tard j'espère que tu changeras d'idées. Va, et songe que j'y compte.

« A ces mots, le Sultan remit Lœdicia à ses femmes, qui l'entraînèrent en dansant et en chantant, et depuis ce moment, et pendant tout un mois, la pauvre juive se vit obsédée de soins, de caresses et de divertissemens, et tourmentée par toutes les séductions que l'imagination sensuelle des musulmans a pu réunir dans le harem d'un prince. Tantôt on la promenait dans ces salles ornées des plus beaux produits de l'industrie européenne : meubles, pendules, bronzes, porcelaines, armes de toute espèce ; étalage confus qui s'augmente chaque année, grâce à la générosité des puissances chrétiennes, à l'occasion du moindre traité, de la moindre contestation. De là, on la faisait passer dans d'autres salles, vrais bazars orientaux encombrés des tributs et des cadeaux perçus dans tout l'empire. Ensuite, on lui faisait parcourir les jardins couverts de fleurs et de fruits.

« Assise sur un banc, dans l'un des pavillons, ou couchée sur un divan autour des bassins intérieurs, on faisait assister Lœdicia aux récréations des esclaves : bizarres divertissemens, où les chants sauvages de la montagne et les monotones complaintes du désert se mêlent aux romances françaises et au roucoulement anglais ; où les danses lascives des bayadères et des almées succèdent aux grotesques pas des nègres. Puis, venaient les délices du bain, l'enivrement des parfums, les changemens de toilette, les délectations d'une gourmandise effrénée, tous les plaisirs enfin que la fantaisie de six cents femmes plongées dans une captivité absolue peut inventer, et dont quelques-uns doivent rester plongés dans le mystère qui les a enfantés.

« Tout avait été mis en usage pour séduire Lœdicia. Mais rien ne put la distraire de sa tristesse ni de sa résolution. Au milieu de ce bruit, de ces chants, au milieu de cette joie vraie ou factice, son front restait chargé d'ennuis. Quand, au bout d'un mois, le Sultan la rappela auprès de lui pour lui demander encore une fois si elle consentait à demeurer auprès de lui sous le nom maure de Fatma, elle répondit encore qu'elle voulait à tout prix garder le nom sous lequel sa mère l'avait vouée au dieu d'Israël, et elle le supplia encore de lui rendre sa mère, ses haillons et son obscurité.

« Le caractère de Mouléï Abd-er-Rhaman est foncièrement doux et bon, et, tout en se pliant aux exigences d'une autorité absolue, et d'une avarice insatiable, il se décide avec peine à leur faire des sacrifices sanglans. Il avait conçu pour Lœdicia une affection désintéressée et sincère, et il se fût estimé heureux de la sauver si le fanatisme de son peuple avait pu oublier la proie qui l'avait alléché.

11

« Mais le fanatisme n'est pas oublieux. Aussi, quand les murmures du peuple et les plaintes des marabouts eurent pénétré jusque dans son palais, il sentit bien qu'il fallait se résoudre à sacrifier la pauvre juive. Seulement il voulut profiter de tous les délais accordés par la loi pour gagner du temps, dans l'espoir d'arracher par la crainte ce qu'il n'avait pu obtenir par la douceur ; en conséquence, il ordonna que la condamnée fut transférée à Fez, pour comparaître devant le kadi suprême.

« Aussitôt, le palais de Mecknez s'abîma comme un songe aux yeux de Lœdicia, et elle s'éveilla en sursaut au milieu de ses haillons, avec sa chaîne aux pieds, assise sur sa mule, entourée de ses deux soldats, sur le chemin pierreux et difficile qui mène de Mecknez à Fez. Je la suivais de loin.

« Nous avions quitté Mecknez le matin de bonne heure, et quand nous entrâmes dans Fez le soleil n'était pas encore descendu derrière les côteaux cultivés qui ceignent la ville de tous les. côtés. Au fond de cet entonnoir verdoyant, les deux moitiés de la ville (le vieux et le nouveau Fez), séparées par une large plage, étalaient, sous un ciel magnifique, leurs coupoles, leurs minarets et leurs remparts impuissans, qui n'ont jamais résisté à aucune attaque. Un immense concours d'hommes de toutes les races allaient et venaient ; des caravanes de chameaux et de mules arrivaient ou partaient ; des troupeaux de bœufs et de chameaux rentraient du pâturage ; de graves Tolbas se promenaient ; des cavaliers luttaient à la course. C'était une activité, une affluence, un bruit extraordinaires.

« C'est que Fès a été, de tout temps, la ville sainte de l'Afrique septentrionale, ville sainte au même titre, et visitée par les hadji (pélerins) avec la même ferveur que la Mecque, Médine et Stamboul; et Fès est encore aujourd'hui la ville savante, la ville civilisée par excellence, et en même temps la plus industrielle, la plus commerçante et la plus riche de l'empire. C'est là que les derniers débris de la littérature et de la science des Maures se sont sauvés du naufrage d'Espagne, sur les étagères de quelques bibliothèques enfouies dans les écoles des mosquées et dans quelques échoppes d'écrivains publics et de notaires. C'est là que les derniers rejetons des conquérans de la Péninsule sont venus, dans une vie calme et monotone, vouer aux spéculations commerciales, ce génie aventureux qui enfanta jadis tant de merveilleuses prouesses. Cette imagination bouillante et poétique ne lance plus, au lieu d'armée, que de riches caravanes qui, par le désert de Barca, Tunis, Alexandrie et le Caire, arrivent à la Mecque et se répandent en tous sens dans toute l'Asie, et qui, par le Sahara, pénètrent jusqu'à Tombouctou, jusqu'à ces contrées centrales de l'Afrique, désignées sur vos cartes géographiques par un grand vide.

« Ce commerce gigantesque et merveilleusement lucratif est encore aujourd'hui, en Afrique, le monopole de Fez. Pourtant Fez est bien déchu de son ancienne splendeur : l'on y chercherait en vain la trace de ces milliers de mosquées, de bazars, de khans, de fontaines et de bains qui fourmillent dans les anciennes descriptions. Toutefois ses mosquées et ses fondoucks peuvent être encore comptés parmi les plus beaux monumens de l'Afrique. C'est surtout dans les traditions encore vivantes de son industrie primitive que se révèlent les progrès que la civilisation y avait accomplis. Ainsi ses tarbouches, qu'aucune manufacture européenne n'est encore parvenue à imiter, ses broderies d'or, ses soieries travaillées avec un goût qu'on ne s'attendrait certes pas à trouver en Afrique, prouvent un art très avancé; mais c'est un art traditionnel légué par une civilisation éteinte, un art stationnaire dont les procédés invariables traversent les siècles sans éprouver aucune amélioration. »

Ici le récit de Jousouah fut interrompu par un accident qui me surprit et m'effraya, mais sans produire la moindre émotion chez mes compagnons de voyage. Nous nous trouvions encore sur la plage, marchant sur un sable uni et sans inégalités sensibles, quand tout à coup Léon et son cheval s'abîmèrent, plongés dans le sable jusqu'au cou. Heureusement, la charge du cheval produisit sur lui l'effet des deux ailes attachées aux barques hollandaises, elle l'empêcha de couler bas complètement. « Ce n'est rien, dirent nos soldats, en relevant le cavalier et sa monture; c'est un accident assez commun sur les rivages de notre pays : ils sont semés de trous pareils à celui-ci, que le sable recouvre parfaitement, et qu'aucun indice ne révèle; on les reconnaît seulement quand on y est tombé, mais lorsqu'on ne voyage pas seul on s'en tire aisément. »

En effet, avant que leur explication ne fût terminée, Léon avait gagné les devans, honteux de sa chute et de son enveloppe de sable, assez semblable à la toilette d'une bouteille de vin vieux, qui sort de la cave. Le trou se refermant de lui-même, reprit le niveau de la plage, et la caravane poursuivit sa route, comme si de rien n'était.

— Voyons, dis-je à Jousouah, voilà Lœdicia arrivée dans la sainte cité de Fez. Continue :

« Le sultan, poursuivit Jousouah, possède à Fez un palais plus grand encore et plus beau que celui de Mecknez; mais ce n'est pas là cette fois que l'on conduisit Lœdicia. Elle fut déposée dans un affreux cachot, où on la laissa quelque temps se pénétrer de l'horreur de sa situation. On voulait qu'elle se présentât abattue et sans force dans la lutte suprême qui allait s'engager avec le grand kadi. Le froid, la faim, la soif, les injures, les coups, tout fut mis en usage, mais rien ne put l'abattre, et le jour où elle fut traînée devant ses juges, on voyait à travers l'extrême pâleur répandue sur ses traits, et du milieu du cercle de plomb qui cernait ses yeux, rayonner une énergie qui défiait la persécution.

« Le grand kadi de Fès est le premier interprète de la loi, le plus haut dignitaire de la hiérarchie judiciaire. C'est par lui que sont résolues, en dernier ressort et sans appel, les difficultés des textes sacrés, les contradictions des juges inférieurs, et les cas extraordinaires non prévus par la loi. Ce poste éminent était alors occupé par un jeune homme de trente ans au plus, qui devait son élévation précoce à une instruction remarquable, à une dévotion ardente, et à une inflexible rigidité de principes et de mœurs. Nul homme ne pouvait, mieux que lui, représenter le fanatisme dont il était le principal organe. La religion parlait par sa bouche comme à travers un masque de plomb, sous lequel l'homme était caché et comme enseveli; quand on le voyait maigre, pâle, sombre, impassible, assis à son tribunal, cet homme faisait l'effet d'un symbole. Sa figure, empreinte d'une majesté glaciale, effrayante, ne paraissait avoir et n'avait d'humain que la forme. C'était une lettre vivante, la lettre qui tue; c'était la loi incarnée sans intelligence, sans entrailles, sans cœur, la loi absorbée et absorbant tout en elle, n'ayant de principe et de fin qu'elle-même, et marchant, les yeux fermés, sur le tranchant de cet immense rasoir jeté comme un pont à travers l'abîme, redoutable passage que les élus de Mahomet doivent franchir à pieds nus pour arriver à la félicité éternelle. C'est cet homme qui était appelé à rendre justice à Lœdicia, comme l'araignée est appelée à rendre justice au moucheron.

« Vous figurez-vous cette scène saisissante comme la

réalité? Vous figurez-vous en face de ce jeune homme, épouvantable image du mahométisme dominateur, cette jeune fille, lamentable image du judaïsme opprimé?

« C'était dans une salle sombre et nue, située au fond d'une cour inondée de lumière; la porte, que deux soldats défendaient contre l'irruption de la foule, ressemblait à la bouche d'une fournaise dans laquelle des milliers d'yeux scintillaient comme la braise. Le kadi, assis sur une estrade recouverte d'une natte, était assisté par quatre adouls à la face réjouie, rouge et bouffie, aveugles instrumens de ses volontés. Dans ce tableau emblématique, ces quatre têtes stupides représentaient assez bien l'ignorance indifférente assistant avec son rire hébêté à la lutte de deux principes. Devant le tribunal, Lœdicia voilée se tenait debout, seule, sans conseil, sans défenseur, sans témoins; car l'enceinte de cet étrange tribunal ne contenait en ce moment que les juges et l'accusée.

« Alors le kadi prit la parole et dit à Lœdicia :

« — Femme, si tu as prononcé la formule de la foi des vrais croyans, et si, après l'avoir prononcée, tu l'as reniée; et si, l'ayant reniée, tu ne répares pas ce crime par un prompt retour, par une confession solennelle et sincère, tu as mérité la mort.

« Lœdicia répondit : — Je ne connais pas la formule dont tu parles. Si j'ai prononcé quelque parole qui ait le moindre rapport avec cette formule, c'est dans un moment d'égarement, et je n'en ai conservé qu'un souvenir confus; sitôt que mon délire s'est dissipé, et il avait duré quelques instans à peine, j'ai renié formellement tout ce que j'avais pu dire de contraire à ma foi dans le Dieu d'Israël, et je le renierai jusqu'à mon dernier soupir.

— Donc, tu mourras! dit le juge, sans sourciller.

« Et alors, Lœdicia, aussi calme que lui, dit, en levant les yeux au Ciel : — Le Dieu d'Israël a été béni à l'heure de ma naissance, qu'il soit béni à l'heure de ma mort.

« La sentence de mort aussitôt rédigée par les adouls, et scellée du sceau du kadi, fut expédiée sur-le-champ au Sultan, et Lœdicia rentra dans son cachot.

« Le lendemain, à l'heure de minuit, une troupe de soldats munis de torches vint frapper à la porte du cachot, demandant, au nom du Sultan, qu'on lui livrât la condamnée, et la condamnée lui fut livrée... Lœdicia, comprenant que sa dernière heure était venue, adressa une courte prière au ciel, et s'avança d'un pas ferme au milieu des soldats.

« Après avoir traversé un grand nombre de tortueuses ruelles et de passages voûtés, entièrement déserts, le cortége déboucha sur un terrain découvert. Mais, autour de lui, les ténèbres se dressaient comme des murailles noires entre lesquelles la sombre lueur des torches n'éclairait qu'un sentier étroit. Un instant après, le cortége s'arrêta tout à coup devant un obstacle informe qui lui barrait le passage; les torches, divisées en deux files, le contournèrent à droite et à gauche; puis elles s'arrêtèrent, et alors Lœdicia reconnut que cet obstacle était un bûcher : et déjà les flammes des torches se glissaient entre les troncs d'arbres, en léchant leur vieille écorce, comme des langues altérées. Au même instant, le chef de la bande s'approcha de Lœdicia et lui dit :

« — Entre la flamme et le bois, il n'y a plus qu'une distance imperceptible. Entre la mort et toi il n'y a plus qu'un pas. Si tu veux reculer, il en est encore temps. Confesse qu'il n'y a de Dieu que Dieu, et que Mahomet est son prophète.

« Lœdicia répondit. — Je ne veux pas reculer, il n'y a de Dieu que le Dieu d'Israël.

« A ces mots, elle se sentit violemment saisie par des bras vigoureux et transportée comme par enchantement sur le bûcher. Aussitôt une vive lueur, accompagnée d'un craquement éclatant, lui annonça que son piédestal funèbre était livré aux flammes. Qui sait les émotions qui assaillirent cette âme à ce moment suprême? Elle tenait les bras croisés sur sa poitrine, ses yeux regardaient le ciel, et peut-être son esprit avait-il déjà quitté ces ténèbres infectes où son corps était encore plongé, lorsqu'elle se sentit brusquement ramenée à la réalité par une secousse brutale. C'était encore ce même kaïd qui venait de lui parler tout à l'heure, et qui se trouvait debout auprès d'elle sur le plancher embrâsé. — Vois, lui dit-il, la mort s'élève rapidement sous tes pas, elle va te saisir; mais je puis encore t'arracher à ses étreintes; confesse donc qu'il n'y a de Dieu que Dieu et que Mahomet est son prophète. » Lœdicia, touchée de l'intention bienveillante qui avait inspiré cet homme, le remercia d'abord par un sourire plein de douceur; puis elle répéta d'une voix éclatante : — Il n'y a de Dieu que le Dieu d'Israël!

« Vous croyez qu'ici dût se terminer le martyre de cette malheureuse enfant; non, monsieur; cette marche nocturne, ces soldats, ces torches, ce bûcher, tout cet appareil de supplice n'était qu'une tentative ordonnée par le sultan pour la ramener à la vie par la terreur de la mort. Mais cette épreuve échoua comme les autres; au lieu d'abattre le courage de Lœdicia, elle ne servit qu'à le raffermir. Elle avait vu de la mort ce qu'elle a de plus terrible; ses apprêts; et maintenant, impatiente de franchir les derniers pas, il lui en coûtait de rebrousser chemin, au moment même où elle touchait au but. Aussi ne pût-elle se défendre d'un mouvement de dépit et d'inquiétude, en rentrant dans son cachot; elle pressentait que les épreuves n'étaient pas épuisées, et elle ne se trompait pas.

« Ce même jour, la porte du cachot s'ouvrit encore une fois, au nom du sultan, devant quatre hommes revêtus du sombre costume des juifs : trois de ces hommes avaient les cheveux blancs, le quatrième était jeune encore. Stupéfaite d'abord, puis transportée de joie, Lœdicia vola dans les bras du jeune homme et ensuite elle se prosterna devant les vieillards, en demandant leur bénédiction ; car ces vieillards étaient les grands rabbins de Fez, et le jeune homme c'était moi. Je n'essaierai pas de vous décrire la scène déchirante qui suivit : vous devinez les questions que nous adressa Lœdicia, les larmes qu'elle donna au souvenir de ses parens, les tristes récits qu'elle fut obligée de nous faire. Ange devant ses bourreaux, elle redevint femme devant ses amis. Son cœur était comme un vase trop plein, d'où les douleurs amassées depuis deux mois débordèrent à flots. Ces dispositions paraissaient propices au but qui nous amenait, et alors le plus âgé des rabbins lui parla en ces termes :

« — Enfant bien aimée, dit-il, depuis le jour où tu es tombée dans les serres de ces vautours, tes pères et tes frères en Israël se sentent frappés comme par une calamité publique. Démarches, supplications, argent, nous n'avons rien épargné. Depuis le sultan, jusqu'au moindre fonctionnaire, nous n'avons négligé personne. Mais aucun moyen n'a réussi. Alors, ne comptant plus sur la pitié des hommes, nous nous sommes réfugiés dans la miséricorde divine, et nos prières, au lieu de se disperser sur la terre, se sont réunies aux pieds du Très-Haut. Et tandis que nous étions recueillis dans nos prières, une voix venue d'en haut a crié dans nos cœurs : — Lœdicia est l'image de mon peuple. Mon peuple a péché, et cependant il n'a pas péri, parce que je l'aime. Mais il accomplira parmi les nations une pénitence rude dont le terme est le secret de ma miséricorde. Comme lui, Lœdicia a péché. Mais elle a, comme lui, trouvé grâce devant moi, et elle ne périra pas. Seulement, comme lui, elle accomplira parmi les hommes une pénitence dont le terme est mon secret.

« — Voilà ce qu'a dit cette voix. Or, écoute, enfant bien aimée ! quelle est la rude pénitence que le dieu d'Israël a imposée à son peuple ? N'est-ce pas de tendre le cou aux chaînes des infidèles, de marcher nus pieds et de s'humilier devant leurs Dieux ? N'est-ce pas de n'avoir plus ni patrie, ni temple, ni prêtres, ni sacrifices, et d'être obligés, pour adorer son Dieu, de descendre au fond de son cœur, et de s'y cacher comme le criminel dans les ténèbres. Telle est donc, au nom du Très-Haut, la pénitence que nous t'imposons, nous tes pères. Tu tendras ton col et tes bras aux chaînes des infidèles, et tu plieras les genoux devant leurs dieux, tu renonceras à ta patrie, à ta famille, à tes prêtres et à tes autels ; tu marcheras au soleil, voilée sous un manteau d'hypocrisie, et tu n'élèveras tes prières vers le vrai Dieu que durant la nuit, jusqu'au jour marqué par la miséricorde divine. Et si tu subis avec résignation, et pour l'amour de tes parens et de tes frères, cette rude expiation de ton péché, nous, tes pères, nous te bénirons, et ne cesserons de prier le ciel pour toi, afin qu'il avance le jour de ta délivrance.

« Pendant ce discours, que le vieillard termina avec des larmes, Lœdicia s'était relevée. Les pleurs s'étaient séchés sur ses joues, et les sanglots s'étaient éteints dans sa poitrine. Un feu céleste brillait dans son regard, éclatait sur toute sa personne, faisait rayonner son front. Quand le rabbin eut parlé, elle hocha la tête, et lui dit avec un accent qui n'était plus la voix de Lœdicia :

« — Ai-je bien entendu ? Ne suis-je pas encore frappée de vertige ? Sont-ce bien les *cohenin* d'Israël, les représentans de nos prêtres et de nos prophètes qui tiennent un pareil langage, qui conseillent, qui ordonnent, au nom du vrai Dieu, la plus lâche et la plus abominable prévarication ? Non, non, ce n'est pas possible. Je vois que vous avez voulu, vous aussi, m'éprouver. Mais Dieu ne m'a abandonnée dans aucune épreuve, et il me soutiendra jusqu'au bout. Attendez un jour encore, sans doute, ce sera le dernier, et puis allez vers mes parens et dites-leur que j'ai péché dans un moment d'égarement, mon sang a lavé la souillure que j'ai faite à leur nom ; et que je suis morte repentante, reconnaissante, et pleine d'espoir en leur miséricorde et en celle de notre Dieu. » Puis, se mettant à genoux : — Prie avec moi, mon frère, ajouta-t-elle, et vous aussi, mes pères, priez avec moi et daignez me bénir.

« A sa voix, nous nous prosternâmes tous la face contre terre, et nous priâmes, et ces viellards baisaient et arrosaient de leurs larmes les pieds de la vierge martyre, et au lieu de la bénir, eux-mêmes la suppliaient d'imposer ses mains sur leurs cheveux blancs (1).

« Le lendemain nous la vîmes pour la dernière fois.

« C'était sur la plus grande place de Fez. A l'heure de midi, au milieu de la place, deux escadrons de cavalerie formaient un cercle vide, à la circonférence duquel étaient rangés, à cheval, le gouverneur et les principaux magistrats de la ville. Immédiatement derrière les soldats, on avait assigné aux juifs une place privilégiée, parce que c'était à eux surtout que s'adressait la leçon terrible que la justice allait donner au pays.

« Derrière eux et dans tous les sens se pressait et se heurtait une multitude d'hommes, de femmes et d'enfans ; bruyante inondation, qui débordait de la place dans toutes les rues adjacentes, et jusque sur les toits. Dans cette foule bigarrée, étaient représentées toutes les races de l'Afrique, depuis le Rifain aux cheveux blonds et tressés et au visage

(1) Il résulte du récit de Jousouah que cette démarche des trois rabbins auprès de Lœdicia aurait été spontanée, ce qui est difficile à croire et ce qui n'est pas. J'ai su depuis qu'elle leur avait été commandée par le sultan sous les plus horribles menaces.

étoilé de taches jaunes, jusqu'au Barbère cuivré, à la tête rasée et surmontée d'une houppe, jusqu'au nègre du Soudan à la laine crêpue ; tous les costumes, depuis la morne chilaba rayée des campagnards et des manouvriers, depuis le sale manteau de laine que les motagnards portent roulé autour des reins, en laissant leur poitrine et leur bras nus, jusqu'à la draperie fine, blanche et parfumée qui enveloppe les habitans des villes de la tête aux pieds. Çà et là on distinguait les marabouts à leurs longs cheveux et à leurs chapeaux de paille à grandes aîles; les derviches et les santons à leurs bonnets pointus ; les soldats à leurs tarbouches élevés ; les femmes à leurs masques noirs encadrés de blanc. Hommes et femmes, jeunes et vieux, riches et pauvres, tous étaient confondus dans le même sentiment d'impatience, de curiosité, d'exaltation féroce. C'était une agitation, un bruit, une effervescence pareille à celle qui s'exhalerait d'une immense cuve bouillant aux rayons verticaux du plus ardent soleil d'été. Aussi tout autour de la place, et dans les rues voisines, l'autorité faisait-elle stationner de nombreux piquets de soldats à pied et à cheval, dans la crainte que la population ne cherchât, dans son exaspération, à prévenir par un massacre le dénoûment légal de ce drame.

« Au moment où les muezzins chantaient sur tous les minarets de la ville la prière de la douzième heure, un immense hurlement, suivi d'un silence profond, annonça l'arrivée de la condamnée. La foule s'entr'ouvrit sous les pas des vingt chevaux qui formaient le cortége, et bientôt Lœdicia apparut au milieu du cercle vide, seule avec son bourreau. Le privilége d'accomplir cette exécution, brigué par une foule de candidats, avait été accordé à un jeune officier de cavalerie, qui, fier de cette distinction, portait haut la tête, et faisait bravement étinceler au soleil la précieuse lame de son sabre recourbé. Il commença par arracher le long voile qui couvrait Lœdicia, et le mouchoir de soie qui retenait sa chevelure ; et sa chevelure roula en flots de jais jusqu'à ses talons, et son corps gracieux ne fut plus garanti contre les regards dévorans de la populace que par une courte chemise de laine blanche, à larges manches, qui laissait voir ses jambes et ses bras nus ; et le bourreau lui ayant demandé si elle avait quelque faveur à réclamer de lui, elle dit qu'elle désirait passer au-dessus de sa chemise un caleçon d'homme, afin qu'en tombant son corps ne fût pas souillé par les regards de la populace ; et cette faveur lui ayant été accordée, un juif sort de la foule, apportant un large caleçon de toile bleue qu'il aida Lœdicia à passer, et à lier sous les aisselles.

« Cela fait, elle demanda encore le temps d'adresser au ciel une courte prière, et cela lui fut aussi accordé. Alors elle s'agenouilla, pria, et baisa la terre, et pensant que sa tête était encore inclinée sur le sol, le bourreau ramassait déjà d'une main les cheveux de la victime, et les soulevait afin de mettre à nu la place ou il devait frapper ; de l'autre, il commençait à tracer avec son sabre la longue courbe que devait terminer le coup fatal, et au moment même où Lœdicia lui dit : « Je suis prête! » le glaive tomba rapidement sur son cou, et un épouvantable cri s'éleva du milieu de la place... Mais la tête de la victime n'était pas tombée, le bourreau n'avait fait que la toucher du plat de la lame, pour éprouver une dernière fois sa constance.

« —Lœdicia, lui dit-il, ces magistrats sont là pour te faire grâce au nom du Sultan, si tu consens à déclarer ici, en face du peuple, qu'il n'y a de Dieu que Dieu, et que Mahomet est son prophète... parle... Encore un instant, et il n'en sera plus temps.

« —Infâme tentateur! répondit Lœdicia, en lançant à la foule un regard terrible, malédiction sur vous et votre prophète, et béni soit le Dieu d'Is...

« Le bourreau ne la laissa pas achever.

« Au même instant, un affreux ouragan s'éleva dans la place. Les juifs, qui avaient acheté fort cher au sultan le droit d'ensevelir la victime, se précipitèrent en masse dans le cercle, et formèrent autour du cadavre un rempart épais sur lequel les Maures se jetèrent avec furie. Ceux-ci criaient qu'on leur livrât la victime, pour la dépécer et pour la dévorer. Ceux-là criaient qu'ils se feraient tous massacrer plutôt que d'abanbonner leur trésor sacré. Les magistrats cherchaient en vain à se faire entendre. Cependant, à un signe impérieux de leur part, les troupes qui se trouvaient disséminées au pourtour de la place, arrivèrent au galop, l'escopette en joue, chargeant, divisant et foulant impitoyablement le peuple aux pieds de leurs chevaux. Déjà, les deux escadrons qui formaient le cercle central avaient fait volte-face et serré leurs rangs autour des assiégés, et grâce à de nouveaux renforts, qui arrivaient à chaque instant, ils purent, après deux heures de lutte acharnée, protéger la retraite des juifs jusque dans leurs quartiers. Le mellah de Fez se trouve adossé au rempart, et n'a qu'une seule issue, pratiquée dans une muraille épaisse, qui en complète l'enceinte sur le devant.

« La porte fut barricadée, un régiment se rangea en bataille autour de l'enceinte, et les efforts de la populace échouèrent, mais sans s'épuiser, contre ce double rempart. Obligée de renoncer à une satisfaction immédiate, elle eut recours à un autre expédient. Sachant que pour donner la sépulture à la victime, les juifs auraient nécessairement à sortir de la ville, elle se divisa en plusieurs bandes de gens les plus déterminés, qui allèrent se poster à toutes les portes, dans le but de tomber sur les juifs au moment où ils se rendraient à leur cimetière. Le cas était grave ; car les troupes avaient assez fait d'obéir jusqu'alors aux autorités, et il paraissait impossible d'obtenir d'elles qu'elles escortassent les funérailles d'une suppliciée et d'une hérétique, et d'autre part les lois et l'usage interdisaient d'ensevelir un mort dans les murs de la ville. Il fallut encore recourir à l'argent, et, grâce à ce moyen, les juifs obtinrent du gouverneur de pratiquer dans la partie du rempart sur laquelle était appuyé le mellah, une brêche par où ils pourraient, la nuit, sortir sans bruit le cadavre. Cela fut fait ainsi, et trois jours après, la foule, lasse d'attendre, se dispersa, et les Maures ne cherchèrent plus qu'à anéantir l'irritant souvenir de cet événement.

« Comme le respect religieux que les Maures portent aux sépultures détourne leur fanatisme des cimetières, les juifs pouvaient espérer dès lors que les cendres de la sainte reposeraient en paix. Du reste, leurs cimetières sont ordinairement enclos de murailles ou de haies vives, qui dérobent entièrement aux passans les mystères de leurs cérémonies funèbres, et chaque jour les femmes peuvent aller librement prier et pleurer sur les tombeaux. De nombreux pélerinages s'accomplissaient donc chaque jour au cimetière, et pas un juif ne passait à plusieurs lieues à la ronde, qu'il ne se détournât de sa route pour venir prier et déposer une offrande sur le tombeau de la sainte. Du produit de ces offrandes, on put bientôt construire au-dessus du tombeau une petite chapelle en maçonnerie, surmontée d'une coupole.

« Mais si modeste et si simple que fût ce menument, il ne trouva pas grâce devant le fanatisme ombrageux des Maures.

« Un jour, un muezzin laissant, du haut d'un minaret, tomber par hasard ses regards sur le cimetière juif, vit rayonner au soleil le dôme blanc de la chapelle. Il devina plutôt qu'il ne reconnut ce qu'était ce point lumineux qui éclatait dans la verdure, et il alla en toute hâte, avec le peuple qu'il ameutait sur son passage, dénoncer au gouverneur cette énormité. Un heure après la chapelle n'existait plus, et depuis lors le tombeau de Lœdicia est caché sous un petit monceau de ruines. »

Quand Jousouah termina son récit, nous étions en vue de Tanger, terme de notre voyage.

FIN.

A. GUYOT, Imprimeur du Roi, rue Neuve-des-Petits-Champs, 35,

www.ingramcontent.com/pod-product-compliance
Ingram Content Group UK Ltd.
Pitfield, Milton Keynes, MK11 3LW, UK
UKHW031848260826
14628UKWH00002B/652

9 782019 683016